谨以此书献给中国共产党成立100周年，她带领亿万农民从黑暗走向光明，从贫穷走向富足，让一个传统落后的农业大国走出一条中国特色的社会主义发展道路，并朝着中华民族伟大复兴的宏伟目标奋进！

发展农业　振兴农村　富裕农民

新时代中国特色社会主义农业现代化的探索之路

"十三五"国家重点图书出版规划项目　　乡村振兴背景下"三农"问题研究丛书

2020年全国高校出版社主题出版

农业大崛起：
建设中国特色的现代化农业

NONGYE DA JUEQI:

JIANSHE ZHONGGUO TESE DE XIANDAIHUA NONGYE

周双文 ○ 著

西南财经大学出版社

Southwestern University of Finance & Economics Press

中国·成都

图书在版编目(CIP)数据

农业大崛起:建设中国特色的现代化农业/周双文著.—成都:西南财经大学
出版社,2022.1
ISBN 978-7-5504-5105-6

Ⅰ.①农… Ⅱ.①周… Ⅲ.①农业现代化—研究—中国 Ⅳ.①F320.1

中国版本图书馆 CIP 数据核字(2021)第 209634 号

农业大崛起:建设中国特色的现代化农业
周双文 著

策划编辑:何春梅
责任编辑:李 才
责任校对:周晓琬
封面设计:何东琳设计工作室
责任印制:朱曼丽

出版发行	西南财经大学出版社(四川省成都市光华村街55号)
网 址	http://cbs.swufe.edu.cn
电子邮件	bookcj@ swufe.edu.cn
邮政编码	610074
电 话	028-87353785
照 排	四川胜翔数码印务设计有限公司
印 刷	四川五洲彩印有限责任公司
成品尺寸	170mm×240mm
印 张	12.5
字 数	165 千字
版 次	2022 年 1 月第 1 版
印 次	2022 年 1 月第 1 次印刷
书 号	ISBN 978-7-5504-5105-6
定 价	68.00 元

专家推荐语

周双文从中国农村发展的实践，观察到小岗村模式的兴衰、南街村模式和华西村模式的演变，探讨中国农业发展的经济学理论，在一定程度上突破了现有经济学理论的局限，体现了中国新一代经济学人与时俱进的使命担当。

——陈平

北京大学退休教授、复旦大学中国研究院研究员

《农业大崛起：建设中国特色的现代化农业》是对中国农业现代化道路有独到见解的一本专著。书中提出走中国农业现代化道路没有现成经验可照搬，既不能走计划经济时代集体经营模式，也不能照搬西方自由市场经济下的资本化、集约化现代农业模式，必须从中国国情和农情出发，探索中国农业现代化之路。这是非常值得称道的观点，今天中国农业现代化需要更多这样来自农业第一线的有情怀的专家。

——顾益康

浙江省农办原正厅级副主任、

浙江省人民政府咨询委员会委员、

"三农"发展组组长

对于我们这样一个人口众多、拥有几千年农耕文明传统的国家来说，农业、农村、农民从来都是国之要务的重中之重。在中华民族伟大复兴的宏大叙事背景下，如何解决"三农"问题，具有更加现实和紧迫的意义。《中国农业大崛起：建设中国特色的现代化农业》一书，通过改革开放以来中国农村数个典型案例的分析，对中国农业发展、农村治理、农村产权改革、集体化与市场化的关系等一系列重大问题进行了深入的思考，为新时代下"三农"问题的解决提供了有益的启示。

——陶永谊

独立经济学家、《互利经济学》作者

序一
自主创新与中华文明的复兴

　　科学发展的动力是试错和争鸣。周双文观察"小岗村模式"的兴衰、"南街村模式"和"华西村模式"的演变，迈出了自主创新经济学的一大步。中国以生物多样性的小农立国，古老文明中只有植根土地的中华文明得以复兴，挑战西方以商争霸的海洋文明。英美模式的国际分工和规模经济，破坏生物多样性，造成危及人类的生态危机。邓小平科学技术是第一生产力的思想，在《代谢增长论》中被解读为技术革命的新陈代谢，是得以突破原始资本积累、理解文明兴衰的规律。新的生态技术、分子遗传学、大数据和网络技术，可以科学测量食品质量，颠覆营销资本的定价权。新农村的集体经济，开辟了新型城镇化之路。宏观政策应当鼓励城乡对流、共同富裕，让下乡学农、养老的城市中高收入居民，购买新农村的优质农产品，养成健康的生活方式。用社会主义的信用体制消除"新三座大山"，用科学的定价模式使绿水青山变成金山银山。中国可以提早实现马克思消除"三大差别"的理想，实践毛泽东同志倡导的人的全面发展。其他国家的人民要消除发达国家的"城市病"和"富贵病"，可以借鉴中国天人合一的生活方式。发展绿色经济的小康社会，比西方的高收入高消费社会更具持续性。中国文明的经验与中国革命的实践，超越了斯密、马克思和达尔文的高度，有待产生自主创新的中国学派。

中国的青年学者要吸取早期启蒙运动家的教训，突破拿来主义和折中主义的局限；要站在世界巨人的肩上，而非跪在西方名家的脚下。未来属于脚踏土地的经济学家。

陈平

北京大学退休教授、复旦大学中国研究院研究员

序二
农民富裕，才是共同富裕

二十多年前，正值农民外出务工的高潮期，大批农民涌向广州等沿海城市，留下的大部分是老人和小孩。特别是青壮年劳动力的外出，导致不少农田因无人耕种而荒芜。

我的老家位于湘南山区。记得当时村里有一位不安于现状的大伯，虽年过半百，但特别勤劳。儿子和儿媳外出务工，他和老伴负责在家照看孙子。见村里很多农田没人耕种，他觉得很可惜，于是就一口气转包了十几亩种水稻。那时由于农机社会化服务水平很低，种植水稻基本上还是沿用牛耕等传统耕种方式，加之家中缺乏劳动力，种植这十几亩水稻对于这老两口来说是很辛苦、很累人的体力活。

一年下来，见到他跟邻居们诉苦，说辛辛苦苦白忙活了一年，太阳晒得背都脱了一层皮，除掉农药、化肥开支，家里多了一些粮食以外，基本上没赚到什么钱……

勤劳却不致富，我相信这是大部分中国传统农业尤其是山区农民的真实写照。我在农村长大，深知土地作为农民的生存之本，其重要性不言而

1

喻，但也深深体会到农民守护"一亩三分地"的无奈，辛勤付出的汗水与廉价的粮食作物成了鲜明的对比，没有比"谷贱伤民"更伤害农民的了。

后来，农民有了外出务工的机会。他们外出搞基建、建房子，一个月的收入顶得上种一年地的收入，于是大家都不愿意种地了。尤其是80后、90后的"农二代"成了进城的主力军，相比于父辈留守农村勤勤恳恳地耕田种地，他们更愿意进城务工，更愿意游离于城乡之间，他们觉得哪怕是打零工、送外卖也比种地强。于是，"谁来种田？"也成了时代的命题。

为何农民如此勤劳却不致富？为何辛苦种地却赚不到多少钱？这是曾经让我绞尽脑汁却百思不得其解又很无奈的问题。如果勤劳都不能致富，那么谁还愿意种地呢？

再后来，我发现国外的农民却不是这样的。一些欧美国家的农民很富有，尤其是农场主，他们种地很轻松，开的都是大型拖拉机。这种反差虽然深深刺痛了我，但同时也让我对中国农业的未来充满了各种希望。如果我们的农民都致富了，那么我们的国家一定是一个发达繁荣的现代化国家。

我长期在农业一线从事农业产业化工作，奔波于田间地头，穿梭在乡村小道，也见过许多从事农业的能人志士和对农业有情怀的老板、企业家，甚至还有耗巨资进军农业的投资机构，但大部分都以失败告终，即便没有失败也是在苦苦撑着，可见农业难做！

农业难，到底难在哪里？我相信这是大部分从事农业或投资农业的朋友所面临的普遍性问题。其实我国农业的规律、特点无非就是以下三个：一是农作物生长周期较长，时间成本高；二是我们国家耕地资源缺乏，人均耕地占有率低；三是农业的交易费用巨大，也就是产业化成本太高。如果要用一个指标来衡量，那就是人均产值低。

在探索农业现代化道路的过程中，无论什么模式，无论什么理论，无论多么有利的政策，如果不能提高农民的人均产值，那么农民富裕一定是假象，即便致富了也只不过是昙花一现而不可持续，农业的现代化终究是无根之萍。农业的现代化需要实实在在的产出支撑，来不得半点虚无，唯有提高农民的人均产值，才能从根本上解决好农业发展、农村建设与农民致富问题。

怎么提高农民的人均产值？是不是只需换一个品种？是否要提高生产效率，或是通过机械化实现规模生产？答案显然不是这么简单。中国的"三农"问题不是单一的经济问题，而是一个集农村发展、民生改善、基层治理于一体的社会性问题。这个问题是需要举全社会之力来加以解决的，用单一的商业或者技术手段来解决这一社会性问题目前行不通，否则放开资本进入农业就好了，引进国外先进技术就行了。这也是很多人抱怨农业难做的原因，因为你是在用单一的技术去解决一个社会系统问题。

农业丰则基础强，农民富则国家盛！我国是一个农业大国，当前农村人口还有五亿多。家庭联产承包责任制释放了生产力，解决了广大农民的温饱问题；改革开放让中华民族实现了从站起来到富起来的飞跃；新时代下，我国社会主要矛盾发生了新的改变，即人民日益增长的美好生活需要和不平衡不充分的发展之间的矛盾。我们进入了实现人的全面发展以及全体人民共同富裕的新时代。

不平衡不充分主要表现为落后地区与发达地区、农村与城市发展的不平衡，农村发展的不充分。说到底，推动人的全面发展、实现共同富裕的关键是解决我国社会的主要矛盾，解决农业农村发展不平衡、不充分的问题，实现农业农村的现代化。

不同国家始终面临不同的资源组合，没有千篇一律的规律，也没有一成不变的模式。西方国家的农业现代化程度虽然很高，但对于我们这样一个人多地少、耕地资源贫乏的发展中国家来说，不能简单地照搬西方模式。唯有立足中国国情，立足我国农业的发展规律和农村现状，走一条符合自身发展要求、符合广大农民利益的中国特色的农业现代化道路，才能真正实现农业农村的现代化。

正是在这样的时代背景下，党中央提出了促进全体人民共同富裕的目标要求和战略部署，尤其是乡村振兴战略的提出，加快了全方位振兴乡村、实现共同富裕的步伐。由此可见，只有让我们的五亿多农民走向富裕了，才能实现社会整体全面发展；农民富裕，才是共同富裕。

本书也正是在这个基点上，从小岗村的改革、南街村的崛起、华西村的奇迹等改革案例来深度剖析中国农村集体经济的改革路径与演进过程，从六盘水"三变"、乡村振兴战略的实践来探索新时代中国特色农业现代化道路与模式。这些理论成果是从实践中来，到实践中去，经得起时间的检验的。

笔者相信，这本书一定会给大家带来不一样的视角和启示！

周双文

于祁阳浯溪

2021 年 12 月 1 日

前言
走中国特色的现代化农业道路

中国改革开放 40 多年来取得的巨大成就，证明了中国在共产党的领导下成功地走出了一条中国特色的社会主义道路。

党的十九大后，中国特色社会主义进入新时代，最重要的标志是开启全面建设社会主义现代化国家、实现中华民族伟大复兴的新征程。这背后是我国社会主要矛盾发生了改变，即从过去"人民日益增长的物质文化需要同落后的社会生产之间的矛盾"转变为**"人民日益增长的美好生活需要和不平衡不充分的发展之间的矛盾"**。

何为不平衡？何为不充分？我国不仅是世界人口第一大国，还是农业人口第一大国，即便将来城镇化率达到70%，仍有 4 亿多人生活在农村；如此规模庞大的人口在农村生产生活，直接关系整个国家的现代化进程，直接关系整个社会的繁荣与稳定。按照普遍的发展规律，在世界上任何一个发达或现代化国家，其农业人口的比重都不会超过全国人口的 5%，而我国则达到了 36.11%，城乡发展差距尤为明显，不平衡、不充分的发展问题尤为突出，这大大制约了全面建设社会主义现代化国家的进程。

1986 年，邓小平在视察天津时的谈话中指出："我的一贯主张是，让一部分人、一部分地区先富起来，大原则是共同富裕。一部分地区发展快一点，带动大部分地区，这是加速发展、达到共同富裕的捷径。"①

改革开放的初衷是让一部分人、一部分地区先富起来，以带动和帮助落后的地区、其他的人，逐步达到共同富裕。但是在改革开放 40 多年后，一部分人早已先富裕起来了，但还有大部分人没有富裕起来。不平衡不充分主要表现在落后地区与发达地区、农村与城市发展的不平衡，农村发展的不充分。这种不平衡、不充分带来的贫富差距阻碍了社会主义目标的实现。

在"不管黑猫白猫，能捉老鼠的就是好猫"的特殊年代，让一部分人富起来，这或许是当时我国的国情决定的，但今天，尤其是党的十八大以来，我们进入了决胜全面小康、全面推进乡村振兴、全面建设现代化国家的时期，也是扎实推动共同富裕的历史阶段。

所以，党中央把实现全体人民共同富裕摆在更加重要的位置。习近平总书记在《求是》杂志上发表的《扎实推动共同富裕》一文中特别指出："适应我国社会主要矛盾的变化，更好满足人民日益增长的美好生活需要，必须把促进全体人民共同富裕作为为人民谋幸福的着力点，不断夯实党长期执政基础……**共同富裕是社会主义的本质要求，是中国式现代化的重要特征**。我们说的共同富裕是全体人民共同富裕，是人民群众物质生活和精

---

① 我的一贯主张是，让一部分人、一部分地区先富起来，大原则是共同富裕。一部分地区发展快一点，带动大部分地区，这是加速发展、达到共同富裕的捷径[EB/OL].(2019-08-09)[2021-06-01].http://cpc.people.com.cn/n1/2019/0809/c69113-31285996.html.

神生活都富裕，不是少数人的富裕，也不是整齐划一的平均主义。"①

正因为如此，实现共同富裕就是全面振兴乡村，推动农业农村现代化的根本目的。20世纪80年代，在农村通过"分田到户"和在城市实行改革开放让一部分人先富起来，但在新时代下，我们应如何振兴乡村？如何推动农业农村的现代化来解决城乡区域发展不平衡、农村发展不充分的问题，实现全体人民的共同富裕？

2021年2月21日，《中共中央　国务院关于全面推进乡村振兴加快农业农村现代化的意见》，即2021年中央一号文件发布。这是21世纪以来连续发布的第18个指导"三农"工作的中央一号文件。文件指出，民族要复兴，乡村必振兴。要坚持把解决好"三农"问题作为全党工作重中之重，把全面推进乡村振兴作为实现中华民族伟大复兴的一项重大任务，举全党全社会之力加快农业农村现代化，让广大农民过上更加美好的生活。

中国是一个拥有数亿农民的国家，农业农村的现代化，关乎中国农民的未来，关乎中国农村的稳定与繁荣，更关乎整个国家的现代化，这已是一个不争的事实。党的十九大后，习近平总书记在中央政治局第八次集体学习时的讲话中强调："没有农业农村现代化，就没有整个国家现代化。"②解决好"三农"问题，根本在于深化改革，走中国特色现代化农业道路。

由此可见，建设中国特色的现代化农业是当前也是未来相当长一段时

---

① 习近平. 扎实推动共同富裕［EB/OL］.（2021-10-15）［2021-11-15］. http://www.qstheory.cn/dukan/qs/2021-10/15/c_1127959365.htm.

② 习近平主持中共中央政治局第八次集体学习［EB/OL］.（2018-09-22）［2021-06-01］. http://www.xinhuanet.com/politics/leaders/2018-09/22/c_1123470956.htm.

期内极其重要的任务。民族要复兴，乡村必振兴。解决好发展不平衡不充分的问题，重点难点在"三农"，这就是党的十九大报告提出实施乡村振兴战略，并加快推进农业农村现代化的原因。

如何走中国特色的现代化农业道路？每个国家的国情不尽相同，不同国家始终面临不同资源的优化组合问题，没有全球通行的万能公式，更不存在中西方通用的可照搬的模式。美国农业的高度机械化与规模化建立在拥有世界第一耕地面积的基础之上。日本农业的精耕细作建立在人多地少的农业科技与专业化基础之上，荷兰高生产效率的家庭农场则建立在后工业时代下的高度设施化与集约化基础之上——它们各有千秋。中国农业的现代化怎能等量齐观？

中国农业的现代化不能脱离中国国情，更不能脱离中国农业的发展规律和农村现状；唯有立足中国国情，走中国特色的现代化农业道路才符合经济发展规律，才能维护好广大农民的根本利益。

本书的宗旨正在于此，即探讨如何在中国特色社会主义进入新时代以及全面推进乡村振兴的背景下，建立起中国特色的现代化农业，走中国特色的乡村振兴之路，从而改变传统、低效的小农经济局面，发展中国农业、振兴中国农村、富裕中国农民。

农业的现代化不仅是经济问题，还是社会问题、政治问题。本书重新审视小岗村的改革、南街村的崛起、华西村的奇迹，深度剖析中国农业产权制度的演进路径与农村发展的规律，并从六盘水的产权改革、乡村振兴实践探索建设中国特色现代化农业的道路、理论与模式。

比如，小岗村是"中国农村改革第一村"，它的改革是一场自下而上、

"从农村中来，到城市中去"的产权改革。它不同于建立在私有制基础上的西方自由经济理论，它是中国特色社会主义经济理论与实践的结合。它既是中国走向改革开放的一个起点，也是当前中国农村发展现状的一个缩影，它在中国改革开放的进程中有着无法取代的历史地位与时代意义。

18 个红手印催生了家庭联产承包责任制，其最终上升为中国农村的基本经营制度，彻底打破了"一大二公"的人民公社体制，解放了农村生产力。但为何小岗村一夜解决了温饱，却三十年未过富裕坎[①]? 为何小岗村在沈浩的带领下要"掉头"发展集体经济？在新时代下，小岗村如何探索新时代农村集体经济发展新路子？如何走中国特色的集体经济发展道路？

南街村无疑是一个极具传奇色彩但又颇具争议的农村改革典范。它的传奇之处在于，当人民公社土崩瓦解，家庭联产承包责任制成为大势所趋之际，南街村却选择了走"回头路"。它坚持红色文化，用毛泽东思想和共产主义理论来指导南街村的发展，发展集体经济、走共同富裕的道路[②]。它在各种质疑声中选择了重走集体经济道路。让所有人震惊的是，它异军突起，成为农村改革的一颗闪耀之星，声名远扬的"南街村模式"被誉为农村未来的"希望"。

南街村改革成功的背后究竟隐藏着何种奥秘？它对中国农村的改革与发展是否具有普遍性的指导意义？"南街村模式"还能走多远？在乡村振兴的时代背景下，重新审视南街村的集体经济发展之路，对当前中国农业的

---

① 小岗村现状：一夜跨过温饱线 30 年未过富裕坎［EB/OL］.（2014-01-06）［2021-11-15］.http://politics.people.com.cn/n/2014/0106/c70731-24034416.html.

② 十八大代表、河南南街村党委书记王宏斌谈新农村建设［EB/OL］.（2012-09-26）［2021-11-15］.http://fangtan.people.com.cn/n/2012/0926/c147550-19119133.html.

改革有着极其重要的现实意义。

　　说起吴仁宝，也许还有很多人很陌生，但说起华西村则无人不晓。被誉为"中国首富村"的华西村家喻户晓，名扬海外。吴仁宝把实现共同富裕作为奋斗目标，把追求集体利益视为理想与信仰，这才有了今天的华西村。华西村无疑是中国农村集体经济发展的一面旗帜。与南街村相比，无论是在成就、规模还是可持续发展上，华西村的成功都更具有可借鉴性。然而，令人不解的是，为何华西村只能成为独放异彩的奇葩，却没有在中华大地遍地开花？为何"华西村模式"无法复制？

　　集体经济需要保持思想步调的一致性，更要通过机制来保持内部经济创新的活力；既要保障个体的权利与自由，也要确保集体民主决策的一致。如果不对产权制度进行改革，是很难建立起优越的集体经济治理结构与现代企业管理制度的。在现代法治、民主、自由、公正的新时代下，华西村如何走出一条符合中国农村特色的集体经济发展之路？这是华西村不得不面对和回答的问题。

　　与南街村、华西村自下而上的改革不同，六盘水的改革是一场自上而下的产权改革。2017 年六盘水"三变"改革被纳入中央一号文件①。它是由政府主导、引领、推动完成的。这种政府主导的带有浓厚行政色彩的"计划经济"一直并不被看好，甚至被称为是市场经济的倒退。但在经历三年多的实践探索后，六盘水的"三变"改革获得了显著成效，农民的收入提高了，农业发展起来了，农村面貌也有了实质性的改变。其改革经验连

① 六盘水"三变"改革现实意义和启示［EB/OL］.（2019-10-30）［2021-11-15］.http://www.gzrd.gov.cn/llyt/27526.shtml.

续三年被写入中央一号文件，受到了中央的高度肯定和大力宣扬，并成为脱贫攻坚、乡村振兴的样板。

六盘水改革没有崇洋媚外完全复制西方发达国家的农业发展经验，没有照搬东亚地区的模式，也没有故步自封在过去的计划与市场之间徘徊，而是结合中国改革开放的成功经验，在市场与计划之间建立了一种符合自身发展的中国特色的农村发展模式。六盘水"三变"改革的经济学原理又是什么？中国的农村改革为什么一定要坚持土地集体所有制不动摇？

何为"中国特色的现代化农业道路"？无论是政府的"有形之手"还是市场的"无形之手"，无论是大名鼎鼎的科斯定理还是张五常的合约理论，都建立在私有产权之上。但中国的土地制度改革恰恰相反，它建立在集体产权之上，通过集体经济来发展产业、建设农村，其结果却又最富有成效。中国农村的产权制度改革，其成功之处不是将产权归属个人，不是走西方私有产权路线，而是将其界定为集体所有权，以壮大集体经济的模式来发展农村经济，这就是以科斯等为代表的西方自由经济学派难以理解的中国特色。

理论要从实践中来，到实践中去，但更重要的是理论要具有普遍的适用性。

建设中国特色的现代化农业必须有具有特色的理论体系支撑。我们探索构建中国特色的现代化农业理论体系，目的就是走出一条符合中国基本国情、适应经济发展规律的中国特色农业现代化道路，要在广大的中国农村地区进行实践，要全面推进农业、农村的现代化。

本书提出了新时代中国特色现代化农业的理论体系，即既不走西方自由经济下的资本化市场农业路线，也不沿袭计划经济下的集体经济模式，而是提出：**基于产权清晰的集体所有制以及高效组织的行政推动力，继续深化"三权分置"的农村产权制度改革，充分用"有形之手"把农业资源聚集起来，用"无形之手"实现产业规模化与效益化，同时又避免集体经济下的"大锅饭"、小农经济的低效落后以及农业资本化的弊端，真正建立起符合中国国情、符合经济发展规律、符合广大农民根本利益的中国特色的现代化农业理论体系。**这正是本书的核心思想所在。

周双文

2021 年 11 月 12 日

目　录

习近平新时代中国特色社会主义思想，是从以经济建设为中心到以人民福祉为中心的发展思想，是从让一部分人先富起来到走向共同富裕的发展思想。

乡村振兴必须紧扣当前社会发展的主要矛盾，必须建立公平的集体产权利益分配制度，才能充分解决农业农村发展不平衡不充分问题。

乡村振兴战略是通过打通城乡的供需，将城市消费与农村产业链接起来，从而建立一个巨大的内需市场，这叫"向内求"，也叫内循环。

当传统道德秩序与现代商业竞争发生碰撞时，前者没有足够的时间加以改造，后者又没能建立起与之相适应的现代治理模式，于是传统治理模式与现代社会发生脱节。

第一章　小岗村的改革
——重新审视"中国农村改革第一村"

小岗村的改革是一场自下而上的产权改革，它既是中国走向改革开放的一个起点，也是当前中国农村发展现状的一个缩影，重新审视小岗村，就是重新审视中国农村……

第一节　重新审视小岗村的改革

重新审视小岗村的改革，是一次与历史的对话，可以为当前中国农村改革、实施乡村振兴战略提供现实的启示。

在谈及中国农村改革时，无论如何也绕不开小岗村。小岗村不仅是中国农村改革第一村，也是中国改革开放的发源地。小岗村的深远意义不仅仅是其产生了家庭联产承包责任制，调动了广大农民生产的积极性，解决了亿万人民的温饱问题，最重要的是它在建设中国特色社会主义市场经济和推进改革开放伟大事业中起到了重大作用。以严宏昌等为代表的 18 户农民，凭借敢为人先的勇气在"大包干承诺书"上按下了红手印，揭开了中国农村改革的序幕，成为中国改革开放的一声春雷。家庭联产承包责任制，最终上升为我国农村的基本经营制度，彻底打破了"一大二公"的人民公社体制和落后的"大锅饭"生产关系，建立了现代产权结构与利益分配体系。但是，它不同于建立在私有制基础上的西方市场经济理论，它是建立在中国特色社会主义市场经济基础上的理论与实践结果。它既是中国走向改革开放的一个起点，也是当前中国农村发展现状的一个缩影，它在推动中国改革开放的进程上有着无法取代的历史地位与时代意义。

小岗村的改革虽然意义深远、重大，但其改革过程却异常曲折，其后续的发展也并不尽如人意，甚至还引起众多学者的质疑与争论。比如，它率先实行了"家庭联产承包责任制"这样的伟大改革举措，但在后续的发展中却被后起之秀南街村、华西村远远甩在后面。面对后来居上的集体经济，为何曾经引以为傲的"包干制"会败下阵来？为何曾经红遍大江南北的"单干"并没有带领大家走向富裕之路？这对有着"中国农村改革第一村"殊荣的小岗村来说显得有些尴尬。时至今日，很多学者对小岗村的问题也剖析得并不彻底。

正因如此，在新的时代背景下，重新审视小岗村的改革，是一次与历史的对话，可以为当前中国农村改革，尤其是实施乡村振兴战略提供现实的启示。那么，小岗村究竟做了什么？又做对了什么？

在皖北地区以花鼓戏闻名的凤阳县，有一个名叫小岗村的地方，其以"吃粮靠返销、用钱靠救济、生产靠贷款"的"三靠村"而闻名。据统计，1976 年，小岗村全年人均口粮仅有 230 斤（1 斤 = 500 克，下同），人均收入 32 元，到了冬春之际，窘迫挨饿的小岗人大多只能外出要饭。当时的凤阳花鼓词形象地唱出了这段历史："泥巴房，泥巴床，泥巴囤里没有粮；一日三餐喝稀汤，正月出门去逃荒。"

1978 年，安徽出现严重的旱情，凤阳遭受特大旱灾，在"一大二公"的重创与严重的自然灾害双重困境之下，当地村民不得不选择背井离乡，走上逃荒之路。

逃荒是为了活命，是无奈之举，但留下来的也不能坐以待毙。于是，以严宏昌为代表的18户小岗村农民，在生产小队干部的带领下，冒天下之大不韪，立下生死状，签下分田到户的"生死契约"，并按下18个红手印，搞起了"大包干"。这成为当时最具影响力的经济改革事件，小岗人从此摆脱了饥饿和困苦，中国农村改革的大幕也由此拉开，"中国农村改革第一村"也由此诞生。

那么，小岗村又是如何冲破当时的体制束缚与重重阻力而一举成为中国农村改革的时代标志的呢？

"大包干"打破了过去人民公社的"大锅饭"制度，由农户自行安排各项生产活动，粮食除向国家缴纳农业税、向集体缴纳积累和其他提留外，剩下的完全归承包者所有。在那个年代，对于"包干""私有"人们连想都不敢想。他们的这一举动惊动了中央。

一方面，当时中国农村改革还处于起步阶段，"包产到户""分田单干"还是中国农业的"禁区"，是不能触碰的"高压线"。但是另一方面，已经濒临崩溃的国民经济加上严重的农村饥荒现实，倒逼主政者不得不去寻求出路——唯有改革才能改变当时的艰难处境。怎么改？事在人为。邓小平向中央建议，安徽这个"老大难"要有个得力的干部去[1]。于是，时年已经61岁的万里"空降"安徽，受命于危难之时。

万里将凤阳县作为一个重点的调查点，做了一次深入的农村调查，发现凤阳的经济问题比预料的严重得多——农民不仅没有饭吃，有的甚至连裤子都没得穿，不改革绝无出路。

之后，在万里的主持下，安徽省委正式出台了《关于当前农村经济政策几个问题的规定》（简称《安徽六条》）。《安徽六条》强调生产队必须有自己的自主权，要建立起农村生产责任制，甚至允许生产队下面组织作

---

[1]　孟兰英. 万里：中国农村改革的开拓者［EB/OL］.（2015-09-23）［2021-08-15］. http://dangshi. people.com.cn/n/2015/0923/c85037-27622898.html.

业组，允许责任到人，并鼓励农民经营自留地和家庭副业等。

包干后的第二年（1979年），小岗全年粮食总产13.3万斤，相当于1966年到1970年粮食产量的总和。小岗全年粮食征购任务是2 800斤，过去23年颗粒未交，当年上交24 995斤，超额7倍多[1]。可谓"一年翻身，改变面貌"。

小岗村的做法虽然取得了很好的效果，但在中央高层引发了巨大争议，赞同的、反对的相持不下。

时任中共安徽省委书记万里再一次来到小岗村。万里对小岗的包产到户明确表示："地委批准你们干3年，我批准你们干5年。"对于有人批评小岗在"开倒车"的说法，万里说，只要能对国家多做贡献，对集体能够多提留，社员生活能有改善，干一辈子也不能算"开倒车"[2]。万里不仅批准了小岗的包产到户，而且还批准小岗的经验可以学习。

1980年，邓小平在一次重要讲话中，肯定了小岗村的大包干。他说："'凤阳花鼓'中唱的那个凤阳县，绝大多数生产队搞了大包干，也是一年翻身，改变面貌。有的同志担心，这样搞会不会影响集体经济。我看这种担心是不必要的。"[3]

1982年中共中央下发一号文件，明确肯定了家庭联产承包责任制，且长期不变，随后又连续发了4个中央一号文件，定下了15年承包期。

18个红手印催生了家庭联产承包责任制，并且其最终上升为中国农村的基本经营制度，彻底打破了"一大二公"的人民公社体制，解放了农村

---

① 易靖. 1978年大包干：小岗村被饥饿逼出的生死抉择[EB/OL].（2009-08-27）[2021-06-16]. http://news.sina.com.cn/c/sd/2009-08-27/180718525224.shtml.
② 易靖. 1978年大包干：小岗村被饥饿逼出的生死抉择[EB/OL].（2009-08-27）[2021-06-16]. http://news.sina.com.cn/c/sd/2009-08-27/180718525224.shtml.
③ 潘承凡. 小岗：在历史转折点上［N/OL］. 人民日报，1998-07-16［2021-06-16］. http://www.people.com.cn/9807/16/current/newfiles/a1030.html.

生产力，使中国农业发展越过长期短缺状态，解决了农民的温饱问题，从而有力地揭开了中国改革开放的伟大序幕！

我们不可否认，科学技术的发展对农业有巨大的推动作用，尤其是袁隆平院士的杂交水稻对粮食产量的提高是革命性的，然而在面对一个人口大国产生的巨大交易费用时，制度的作用要远远胜过技术的力量。小岗村的成功无疑是制度改革的成功，它用"包干制"取代了过去的"大锅饭"。

中华人民共和国成立前夕的1949年7月，当时的美国国务卿艾奇逊曾有过一个"预言"，他说，人民的吃饭问题是每个中国政府必然面临的第一个问题。一直到现在没有一个政府使这个问题得到了解决①。

1964年，袁隆平开始研究杂交水稻，1973年实现三系配套，1974年育成第一个杂交水稻强优组合南优2号，1975年研制成功杂交水稻制种技术，1976年全国示范推广面积扩大到208万多亩（1亩≈666.67平方米，下同），全部增产20%以上，1976年全国粮食总产量达到28 631万吨，比1965年增长47.2%②。事实上，在十年"文革"与人民公社"大锅饭"制度下，虽然杂交水稻提高了粮食产量，但由于"一大二公"低效、内耗严重的制度安排，加上自然灾害，中国大部分地区依然处于严重的缺粮状态，农民依然缺衣少食，杂交水稻的高产并没有解决实质性的问题。

1978年党的十一届三中全会召开，以农村制度变革为先导的改革开放拉开了帷幕。小岗村开了农村改革的先河，第一次从产权制度改革的层面打破了过去低效、低能、低产的"大锅饭"制度，通过建立起包产到户的产权制度，释放了人的创造力，解放了生产力，从而让整个社会生产力水

---

① 高长武. 新中国成立第一年解决粮食问题的实践及其经验[EB/OL]. （2014-05-04）[2021-06-16].http://dangshi.people.com.cn/n/2014/0504/c384616-24971813.html.
② 新华社. 攻克杂交水稻难关[EB/OL]. （2019-10-05）[2021-06-16].http://www.xinhuanet.com/2019-10/05/c_1125073354.htm.

平大大提高。

1978 年，中国粮食产量约为 3 000 亿公斤，搞包产到户和包干到户后，到 1984 年，粮食产量增加到 4 000 亿公斤，农业总产值增长 68%，农民人均收入增长 166%。到 1984 年年底，全国已有 99% 的生产队、96.6% 的农户实行了包干到户。1978 年至 1984 年我国粮食产量分别在 1982 年、1984 年迈上 7 000 亿斤和 8 000 亿斤两个大台阶，6 年时间大幅增产①。

中国粮食高速增长是在我国逐步确立起以家庭承包经营为基础的经营体制之后，这一制度的确立，极大地解放和发展了农村生产力，促进了粮食产量稳定增长。

我们不禁要问：为什么一项制度改革解决了中国人吃饭的问题？让我们先把目光投向那轰轰烈烈的"大跃进"与人民公社化运动。

河南省遂平县西面 10 公里处，有一个叫嵖岈山的地方。1958 年 4 月 15 日，嵖岈山依靠县委协调与集体力量，建成了当地历史上最大的水利灌溉工程——下宋水库。时任遂平县委书记娄本耀，在参加水库竣工仪式时总结发现，农村要想办成一件大事，还是需要一个强有力的大集体，他萌生了把"小社"合并成"大社"的想法。这个大胆的想法，得到上级领导的肯定，上级领导认为这符合毛主席"一乡一社"的农业合作化精神②。

同年，毛主席视察完河北省徐水县（今保定市徐水区）和安国县（今保定市安国市）农村后来到河南的新乡。时任河南省委书记处书记史向生在专列上向毛主席汇报了人民公社的情况。当谈到《嵖岈山公社试行简章》时，毛主席聚精会神，边听边问，他说："人民公社这个名字好，包括工、农、商、学、兵，管理生产，管理生活，管理政权。"他还指出："公社的

---

① 伍振军. 新中国成立以来我国粮食生产回顾和展望 [J]. 黑龙江粮食，2015（10）：9-10.
② 王来青. 全国第一个人民公社的兴衰与变迁 [J]. 党史文汇，2009（2）.

特点是：一曰大，二曰公。"①　毛主席视察三地和"还是办人民公社好"的消息，很快在报上发表，各地立即掀起建立人民公社的高潮。

1958 年第 7 期的《红旗》发表了该社编辑李友九的《河南信阳来信》。在讲到公共食堂的优越性时，来信提到了十二大好处：一、解放妇女；二、节省劳动力；三、改善伙食，节省粮食；四、节省柴火；五、节省灯油；六、节省家具；七、免得失火；八、免得家里吵嘴；九、好除"四害"；十、好监督二流子；十一、便于开会，便于领导；十二、好割资本主义尾巴。李友九认为，公共食堂的最大好处是第一条和最后一条②。北戴河会议后，河南南阳地区在不到 20 天的时间里，建立公共食堂 46 397 个，参加食堂的农户有 130 多万户。

人民公社化运动后，5 亿中国农民抛弃了各自的小锅小灶，集中到公共食堂吃起名副其实的大锅饭。人民公社"一大二公"的体制，不但使公社食堂的规模大，就是公社之下以生产队为基础的食堂规模也大，少则几十户，多则几百户、上千人。

我们打个比方：1 个人打 1 口井要 10 天，10 个人打 1 口井只需 1 天，100 个人需要多久？1 万个人呢？真实的情况是，1 万个人站在一堆乱作一团一年都打不出井来。经济学有一个边际产量下降定律，也就是当增加某一项生产要素投入时，刚开始总产量会增加，但达到一定量时会出现下降的趋势，否则用一亩地就可以产出全世界的粮食。因此，人多力量大，但人多也会导致手忙脚乱，协调管理成本增加，生产效率降低。

人民公社的理想是美好的，但现实却是无情的，代价也是惨痛的。因为人民公社制度不仅没有提高农业生产效率，反而大大降低了劳动生产效率。很多人把其原因归结于吃"大锅饭"以致农民没有了生产的积极性，

---

① 王来青. 全国第一个人民公社的兴衰与变迁 [J]. 党史文汇，2009 (2).
② 罗平汉. "大锅饭"——公共食堂始末 [M]. 南宁：广西人民出版社，2001：36-37.

干与不干一个样。如果从深层次剖析，其原因则是公共产权取代个人产权，个人产权遭到剥夺，尤其是个人权益得不到有效保护，从而导致利益分配不公平，深深打击了人们干活的积极性。

公共产权或者说集体经济本身没有错，集中力量办大事也没有问题，关键是要建立起公平的利益分配机制，降低集体组织运行的交易费用；而公平分配利益的前提是尊重个人产权，保护个人利益，否则就会挫伤人的积极性。同样，集体化组织如果不能有效降低交易费用，那么就必然出现整体价值的内耗。

如果一味地以人多力量大为指导原则，只想到集体劳作的好处，无视个人利益的分配机制，对人与人之间高昂的协作与管理成本视而不见，其结果就会出现"大锅饭"式的弊端。比如随着人民公社化运动的开展，出现了"共产风"以及生产上的瞎指挥、高指标、高估产、高征购、高用粮等，仅仅几个月的时间，就暴露出比较严重的问题。这些问题，引起了党中央和毛泽东的重视，也引起了邓小平对人民公社的深思①。这本质上是违背了经济发展的客观规律，也违背了实事求是的精神。

"包干制"为何能成功？因为其重新界定了个人产权，实行多劳多得的分配原则，在公共产权与个人产权之间找到了一个平衡点，使过多的公共产权让位给个人产权，在集体利益与个人利益之间实现公平分配，从而大大激发了人的创造性和积极性。如此一来，社会整体生产效率提高了，粮食产量自然就增加了。

以严宏昌为代表的小岗村"手印"农民，以"大包干"这种家庭联产承包制度解放了农村的生产力，并最终使其上升为中国农村的基本制度，解决了亿万人民的温饱问题。

---

① 刘金田. 邓小平对人民公社的历史思考[EB/OL]. (2014-03-12) [2021-08-15]. http://cpc. people.com.cn/n/2014/0312/c69113-24612496.html.

第二节　小岗村的问题

为何小岗村一夜解决了温饱，却三十年未过富裕坎？小岗村的问题在哪里？

改革开放以来，我们国家发生了天翻地覆的变化，经济发展如日中天，城市建设更是日新月异。像沿海的深圳，由一个小渔村发展为国际化大都市，江阴华西村也由名不见经传的一隅之地发展为中国最富有的村庄。

但让人大惑不解的是，作为"中国农村改革第一村"的小岗村，不仅没有搭上这趟改革的时代列车，相反还被远远抛在后面。有人形容小岗村"一夜跨过温饱线，三十年未过富裕坎"。当年引以为荣的"包干制"虽然解决了农民的温饱问题，但并没能带领小岗村走上富裕之路。众多小岗村人再一次背井离乡，而这一次是奔向沿海一带打工赚钱去了。

2004 年，沈浩从安徽省财政厅来到小岗村担任第一书记。当时，小岗村空有"大包干"的名声，却依旧交通差，村庄乱，村民穷。沈浩上任后，沉下身子，誓要改变"一夜跨过温饱线，二十年没进富裕门"的窘况①。

曾经轰动中央的"大包干"的确解决了人们的温饱问题，家庭联产承包责任制在全国各地遍地开花，也确实解决了中国大部分人的吃饭问题。但和改革开放背景下如雨后春笋之势的中国市场经济相比，小岗村的发展没有起色，让人失望。

据新华社报道，从 1978 年至 2003 年，"大包干"在小岗村已实行 15

----

① 徐靖. 沿着沈浩的足迹前行［N/OL］. 人民日报，2020－05－06［2021－08－15］. http://m.people.cn/n4/2020/0506/c4038-13924227. html.

年，而此时村民人均收入只有 2 000 元，低于全县平均水平，村集体欠债 3 万元，人心涣散，村里连续多年没有选出"两委"班子，村里乱建房、乱倒垃圾现象普遍，环境很差。这与"中国农村改革第一村"的名气十分不相称①。

据相关媒体报道，当年按红手印分田单干的 18 名发起人之一，小岗村村民严宏昌深有感触地说："分那一亩二分地，现在只能管温饱，年轻人都出去打工，家里地靠留下的老弱病残者也照料不好，不是荒废着，就是廉价卖给私企老板。村民想干什么都不成，迈不开步子啊！"

同样，陈桂棣、春桃夫妇在《中国农民调查》一书中曾经总结说：改革 20 年后的小岗村只有 8 个字可以形容——"江山依旧，旧貌犹存"。

显然，小岗村的发展没有取得预期的成绩是既定的事实，至少与"中国农村改革第一村"的美誉相差甚远。这个曾经揭开中国改革序幕的第一村，在全国上下改革开放事业搞得红红火火之时，它的发展却是异常冷清，依然停留在温饱阶段而裹足不前。

因此，沈浩同志被委派到小岗村也就顺理成章。他不负众望，一心为民，为小岗村的发展提出了新的发展思路，也确实做出了很大贡献。比如他带领村民到南街村等明星村学习取经，并开创性地提出了"沈浩思路"发展模式，即通过土地流转，重新把土地集中起来成立"合作社"发展集体经济。这一思路提出后，当时在小岗村和外界引起轩然大波，甚至有媒体惊呼，当年率先打破"大锅饭"，率先搞"大包干"的小岗村，现在要重新回到"大集体"了！

这些非议丝毫不影响小岗村走上重振之路。在沈浩的带领下，小岗村将曾经分到户的土地集中起来进行土地整理，形成大块的平地，然后通过

---

① 周立民."请让我们为他立座雕像" 小岗村村民追忆村党委书记沈浩 [EB/OL]. (2009-11-09) [2021-06-16]. http://cpc.people.com.cn/GB/64093/67507/10339057.html.

招商引资引进龙头企业发展规模经济。比如通过引进上海一家公司建立商品猪养殖基地，通过整合土地搞起了葡萄种植区、双孢菇种植区，还利用"中国农村改革第一村"的光环，发展红色观光旅游，修建"大包干纪念馆"，发展农家乐等旅游经济。

沈浩还为小岗村制定了"发展特色农业、发展旅游业、办好工业园"的发展目标。经过3年的发展，优质葡萄种植区由原来的80亩发展到200多亩，亩均纯收入3 000多元。还建起了小岗村养殖示范区、"大包干纪念馆"，发展红色旅游，吸引了大江南北的游客；先后开办了钢构厂、装饰材料厂、节能电器公司等企业；还为村民开通了有线电视、自来水，兴建了居民小区和卫生服务中心，争取到资金修建了14千米柏油路，解决了小岗村行路难问题。2006年，小岗村农民人均纯收入超过5 000元，成为"安徽省百镇千村新农村改造计划"试点村，绝大多数人都住上了楼房，拥有了冰箱、洗衣机等家电。"20年未过富裕坎"的瓶颈，在沈浩任职的第3年被突破①。

2009年11月6日，沈浩在小岗村临时租住的房子内，因心源性心脏病猝然离世，年仅45岁。时任中共中央总书记胡锦涛闻讯后做出重要批示："沉痛悼念沈浩同志。"沈浩倒下了，他殚精竭虑，为小岗村的发展付出了生命。在沈浩的带领下，小岗村的发展确实有了一定起色，无论从理念、思路还是实践层面，"沈浩思路"都极具前瞻性和务实性，通过资源的整合突破小农经济各自为政的局限，以产业化思路、市场化运作，引进市场主体激活资源要素，推动农业的产业化、规模化，这在当时是非常了不起的。

在大部分人热火朝天地投身工业化与城镇化的浪潮时，沈浩却在探索推动农村深化改革的新模式与新路径。

---

① 周立民."请让我们为他立座雕像" 小岗村村民追忆村党委书记沈浩[EB/OL].（2009-11-09）[2021-06-16].http://cpc.people.com.cn/GB/64093/67507/10339057.html.

即便现在来看，"沈浩思路"也是当前大部分农业发展的主流模式，是大部分农村发展特色产业所走的产业化路线。但问题是，为何"沈浩思路"并没能让小岗村走上可持续的富裕之路，或者说沈浩带领下的"小岗模式"并没有成为新农村发展的一面新旗帜？事实上，它只不过让小岗村的发展稍有了起色而已，且这个"起色"也非常有限，随着沈浩的离去而后继乏力，甚至停滞不前。

作为"中国农村改革第一村"的小岗村，点燃了改革的星星之火，但并没有形成燎原之势，在改革开放的浪潮中"小岗模式"并没有广受推崇，甚至在后续的农村改革中逐渐淡出甚至被遗忘。在当前实施乡村振兴战略的时代背景下，小岗村的问题很值得我们去重新审视，因为审视小岗村，就是审视当前中国农村。

那么，小岗村的问题到底在哪里？学术界对此做了很多探究。有人将其归结于小农经济本身的局限性——小农经济嘛，本来就是家庭作坊式的，难成规模；也有人称单干虽然能调动积极性，但单干导致土地资源分散以致无法实现规模效益；甚至有人说是当地村干部不团结，过于自私自利，导致村民人心涣散，以至于小岗村没有及时有效地抓住改革开放的发展机遇。如此等等，众说纷纭。

有时候正确的提问远比答案更重要。从本质上看，小岗村走的是市场经济的改革路线。比如在"包干制"中，虽然土地的所有权归集体，但本质上是通过多劳多得的制度安排将集体利益让渡给了个人。这种制度一方面可以大大调动个人的积极性，另一方面它又是一个自由竞争的市场制度，是能者多得的利益机制。无疑，这种自由竞争的市场制度用于发展工商业是非常成功的，比如我们改革开放下民营经济推动经济建设取得辉煌成就便很好地说明了这一点。

这里的问题是：为何改革开放下的市场经济逻辑进入农业领域行不通？

为何基于"个人产权"的"包干制"除了解决温饱问题，却并不能带领农民走向小康？为什么沈浩要"掉头"重新把土地集中起来发展集体经济？"沈浩思路"为何又无法上升为当前农村改革的主要路线？基于农业现代化的改革将何去何从？笔者认为这才是小岗村问题的核心。如果这些问题得不到回答，我们便很难深入剖析小岗村的改革，很难从本质上破解中国农业、农村发展的难题。

理论是需要实践检验的。让我们先看看沈浩同志在小岗村的实践心得，也许能帮我们更清晰地认识小岗村的问题。沈浩在接受《凤凰周刊》的采访时表示，他初到小岗村就有意把小岗村的土地重新整合起来，因为小岗村的土地分散，形不成规模，只能解决吃饭问题，不能解决发展问题。家庭联产承包责任制把人的生产积极性调动起来了，但土地却变得分散了，整体的产出规模遇到了瓶颈，也只有将土地集中起来，集中力量、集中资源才能办大事，才能将小岗村的农业规模搞起来。

为此，2004 年沈浩"组织了一场'红色考察'，集中参观了 4 个走集体经济道路致富的明星村（大寨、耿庄、红旗渠、南街村），学习其经验，反思自己的发展之路"。有一组数字令小岗人感到汗颜：2002 年，大寨村经济总收入突破 1 亿元，农民人均收入达到 4 000 元；南街村在 1.78 平方千米的土地上创造出了年产值 14 亿元的奇迹；而到 2003 年，小岗村人均收入只有 2 100 元，离"小康"标准相距甚远①。在告别南街村时，小岗人在留言簿上留言说："学习南街村，壮大集体经济，走向共同富裕！"

沈浩承认："当时考察完后，大家都觉得很惭愧，小岗落后了。在返回的路上，我们就开会讨论，下决心招商引资办工厂，走集体经济致富之路。"

---

① 家庭联产承包责任制：小岗村引发第二次土改 [EB/OL].（2009-08-03）[2021-06-16].http://news.sina.com.cn/c/sd/2009-08-03/175018355377_4.shtml.

以上种种情况表明，"包干制"在推动农业的规模化、产业化上似乎显得有点力不从心，至少相对于改革开放的工业化而言，我们农业沿用其市场化改革路线并不成功，但从沈浩的话语中又不难发现，农村的改革又要回到"集体化"，似乎只有走集体经济道路才是出路。

在我们深入探究小岗村背后的问题之前，让我们先把目光投向西方的自由经济，分析中西方市场经济的不同点，也许只有从这个角度才能找出小岗村问题的答案。

在谈论西方自由经济时，我们不得不提到经济学的鼻祖亚当·斯密。他的一个重要贡献就是提出了分工理论。他在其巨著《国富论》中用制针业对此进行了说明：如果一个人独立工作，不进行专业分工，无论是谁，绝对不能一天制造二十枚针，说不定一天连一枚也制造不出来；但是如果他们进行专业分工，与人合作生产，其产量可以达到几十枚，甚至几百枚。

这个理论其实很简单。分工合作在任何社会、任何年代、任何国家都会存在。古时候修筑长城，修建水利工程都需要分工协作，现代工厂的分工协作更紧密、更专业，但斯密的贡献在于将分工理论延伸到了市场交易中。专业分工可以提高效率，增加产量，但更重要的是要有市场协助交易，只有通过市场交易才能进一步深化分工，进一步扩大生产规模，形成产业。

所以，斯密说市场的广度决定分工的深度，这句话是极具洞察力的。交易是人与人之间的交易，是物与物之间的交换，而物必须有物主才能实现交易。因此，物品要有所有权，这就引出了产权理论，比如大名鼎鼎的"科斯定理"。

科斯定理是说，权利只要明确地被界定，不管产权属于谁，假设交易费用不存在，市场就会以交易的方法使资产的使用实现最高的资产价值，也就是达到帕累托最优。什么意思呢？科斯举了一个牛吃麦的故事来说明。

有甲、乙两块地，甲地用来养牛，乙地用来种麦。甲地的牛跑到乙地把麦子吃了，乙地的麦受到了损害，但却没有得到补偿。从社会成本来看，麦的损害是社会成本的一部分，这样，社会成本（养牛的成本加麦的损害）就会高于私人成本（养牛的成本）。社会成本与私人成本分离，无效率，传统之见是政府要抽养牛者的税。科斯问：牛吃麦的权利属于谁？牛吃麦如果能使牛的增值高于麦的损害，那么养牛者就会出一个价给种麦者补偿其损失，让牛吃麦去。种麦者也乐于收费而让牛群吃麦，直至麦的损害在边际上与牛群的增值相等；反过来效果也是一样。结论是：只要权利有清晰的界定，不管界定给谁，市场的运作会使栏杆的位置不变，也即土地的使用不变①。

私人成本与社会成本之所以有分离，是因为牛和麦没有明确界定为私有产权，也就没有交易主体通过市场的方式实现资产价值的最大化。如果有私有产权的界定，在交易费用为零的情况下，市场会通过交易的方式让双方得到补偿，实现所谓的均衡，也就是价值最大化。

这就是西方市场经济的核心理论主张，但科斯定理里面有一个假设条件，那就是假设交易费用是零。什么叫交易费用？交易费用是人与人之间竞争的费用，也是制度费用，是人们在交易的过程中必须付出的代价。牛把麦吃了，吃了多少？损坏多少？需要赔偿多少？如何量度？建牛栏的成本又是多少？这些是需要沟通协调，是需要付出代价的。现实交易中这些成本与代价一定会考虑进来。

假设交易费是零，也就意味着忽视竞争、忽视代价、忽视成本，这是一个完美的假象。如同打井的故事一样，一个人打井需要一天，十个人打井只需一个小时吗？现实社会中是不存在的，因为有竞争就必然有代价，必然有成本，这些都会算在交易费用中。如果交易费用过高，代价太大，

---

① 张五常. 经济解释：卷四［M］. 北京：中信出版社，2014：56-57.

交易的方式就会发生改变，甚至不交易，比如在"大锅饭"制度中大家都不想做事，效率就低。

不同的交易费用，决定不同的制度成本并带来不同的产权制度。到底是集体经济优于"包干制"，还是"包干制"胜过集体经济，这不是由理论的先进与否决定的，而是由经济运作的交易费用的高低决定的。这是实践与理论的重要区别。

科斯定理从一个完美的理论角度看世界，即在假定交易费用是零的前提下，这个理论是成立的。但在真实世界中，因为有交易费用的存在，就没有什么通用的理论模式，更不会有全球通行不变的公式，不同国家、不同地区始终面临不同资源的优化组合问题，始终存在不同的交易费用和运作成本。

小岗村一夜解决了温饱，却三十年未过富裕坎，而南街村却在回到"大锅饭"的集体经济中搞得风生水起，轰轰烈烈。是小岗村模式落后了？还是南街村模式代表了先进、代表了未来？都不是。准确地说，是不同地区、不同时期、不同资源产生不同的交易费用导致不同的产权制度，是一种低成本制度替代另一种高成本制度。

在"人多力量大"的人民公社运动中，"大锅饭"制度产生了高昂的制度成本，人们把更多时间放在了"搞运动""喊口号"而非生产上，各种"搭便车"、出工不出力现象突出，打击了人的积极性，严重抑制了粮食生产。"包干制"的出现恰恰降低了非生产的制度费用，通过多劳多得的分配制度与利益机制将人的时间、精力放在了农业生产上，粮食产量自然就提高了——此乃小岗村的成功之处。

小岗村的不足之处则在于，由于中国的传统农业本身存在巨大的交易**费用**，比如传统种植模式下农产品生长周期长，分田到户后土地分散而无法实现规模化产出，各自为政的小农生产难以规模化作业，也就无法降低

农产品的单位生产成本，加上农产品的信息费用高、交易成本高等，大大
降低了农产品的规模产出效益。"包干制"虽然大大提高了农民种田的积极
性，但其本身无法再进一步降低这些费用，所以家庭联产承包责任制的效
率也是有限的，它只能解决温饱问题，而无法带领人们走向小康和富裕。
这就是小岗村一夜解决了温饱却三十年未过富裕坎的根本原因。

第三节　从小岗村到南街村，如何走中国特色的集体经济发展道路

中国农业的现代化无法模仿任何一个西方国家，也不能照搬任何一套西方发展理论，而必须立足中国农业自身情况，在实践中摸索出一条中国特色的农业现代化之路。

中国改革开放的成功是建立在中国特色的社会主义市场经济基础之上的。它是集合了市场经济理论与中国基本国情，在实践中总结出来的一套中国特色的发展模式。在过去的几十年里，中国工业化、城镇化无不是在这种模式下突飞猛进，无不是在这种理论下日新月异。但是，这种具有中国特色的市场化模式，在我们的农业、农村改革领域并没有取得良好的成效，尤其是以小岗村为代表的农村改革实践并没有像工业化、城镇化那样取得持续成功。"小岗模式"虽然解决了温饱问题，但在推动农业产业化与现代化上不仅后续乏力，甚至停滞不前，以至于在改革二十年后依然处于"江山依旧，旧貌犹存"的落后境地，这恐怕是很多人都不愿意看到的。

小岗村是改革开放的发源地，被誉为"中国农村改革第一村"，如果连小岗村自己都无法实现二次改革的蜕变，那么其他广大农村地区的发展出路又在哪里呢？

很显然，沈浩看到了"包干制"的局限性，也意识到了小岗村必须再次改革，开展二次革命。为寻求小岗村新的发展之路，沈浩带着村干部进行了一次"红色之旅"，集中参观了四个走集体经济道路致富的明星村——大寨、耿庄、红旗渠、南街村。在学习它们集体经济的经验做法、反思小

岗村的发展之路之后，沈浩决定放弃单干，向南街村学习走集体经济发展之路。

很遗憾的是，随着沈浩的离去，小岗村的集体经济发展之路走到了尽头，其后续的改革也变得悄无声息。在探索中国农业、农村改革过程中始终存在一个悖论：**农业离不开市场化，但又不能完全市场化；农村需要产业化，但却不能是完全建立在私有产权基础之上的产业化。所以，既要保持集体所有制"集中力量办大事"的优越性，又要尊重个人产权，激发农民的积极性，这大概是中国农业改革的最大特色。**

西方自由经济学认为：自由交易程度越高，市场化程度越高，对经济的发展也越有利，而自由交易的前提是尊重和保护个人产权，只有产权界定清晰了，市场机制才能发挥作用，社会效益才会最大化。这也是以科斯定理为代表的产权理论盛行的原因。

如果按照西方的市场化理论，很多人说我们农业搞不起来，是因为我们的土地制度放开得不够，农民没有土地所有权，农业生产要素的市场化程度不够高，阻碍了农业的发展。那么，农业要不要市场化？当然要，但农业的市场化绝不是科斯定理下的完全自由化，更不是将农业生产要素自由交易，否则"小岗模式"早就跨越了富裕坎，解决中国"三农"问题就简单了。

事实上，我们在实践中发现，农业市场化与工业市场化的规律是不一样的，绝不能一概而论。即便同为农业国家，但由于不同的农业资源要素、不同的社会发展阶段，其市场化模式与专业化分工程度也大为不同。

比如，美国农业的高度机械化与规模化建立在拥有世界第一耕地面积的基础上，日本农业的精耕细作以人多地少的发达农机科技为支撑，荷兰高生产效率的家庭农场则依靠高度设施化与专业化生产。中国呢？中国是一个土地资源贫瘠、人均耕地面积少、农业人口众多的国家。我们无法像欧美国家那样可以通过大型的机械化作业实现规模化产出进而提高人均产值，也不能通过投入大量的农机设施来提高农业效益，因为我们农业人口太多，耕地分布广，山地丘陵多，平原少。在我们这样一个传统的小农经济国家，发展农业绝不能照搬西方国家模式。

由于不同的资源禀赋决定了产业分工程度和产出效益，所以就不可能有一个放之四海而皆准的理论。中国农业的现代化无法模仿任何一个西方国家，也不能照搬任何一套西方发展理论，而必须立足中国农业自身情况，在实践中摸索出一条中国特色的农业现代化之路。

以沈浩为代表的小岗村人一直在探索中国农业发展之路，尽管早期的"包干制"激发了农民种地的积极性，大大提高了粮食产量，但在后续的发展中小岗村却停滞不前。沈浩敏锐地洞察到了这一问题，认识到要进一步突破农业发展的瓶颈就必须整合土地资源，这样才能实现规模化生产，才能进一步发展小岗村。所以，他把小岗村当年分到各家各户的土地重新集中到村里，合并开发利用，提出了"壮大集体经济，走向共同富裕"[①] 的路线。在沈浩的带领下，小岗村的集体经济确实取得了不少成绩，也大大提高了农民的收益，但与南街村、华西村等集体经济相比，小岗村的差距太大。

2012 年小岗村的集体资产仅有 410 万元。这一年，华西村全年产出超过 549 亿元，南街村为 18.5 亿元。2012 年 8 月，小岗村作为安徽省土地承包经营权确权试点，率先开始确权，推动土地规模化流转。

2016 年 4 月，习近平总书记考察凤阳县小岗村，他来到"当年农家"院落，了解当年 18 户村民按下红手印，签订大包干契约的情景。习近平总书记感慨道："当年贴着身家性命干的事，变成中国改革的一声惊雷，成为

---

① 人民网. 农村基层党员干部学习沈浩事迹 [EB/OL]. (2010-01-13) [2021-08-15]. https://news.qq.com/a/20100113/000711. htm.

中国改革的标志。"雄关漫道真如铁，而今迈步从头越①。

自 2016 年以来，小岗村开展了集体资产股份合作制改革和"资源变资产、资金变股金、农民变股东"试点工作，被称为小岗村的二次创业。从农业到旅游服务业，小岗村一年一个模样，村容村貌发生了很大变化，产业发展有了很大进步。2017 年小岗村农民人均纯收入达到18 000多元，小岗村也成功入选农业部美丽乡村创建试点，先后荣获全国生态文化村、全国旅游名村、安徽省美丽宜居村庄等称号。

2018 年，小岗村进行了改革开放 40 年来首次集体资产股份合作社分红，实现了从村民"户户包田有地"到"人人持股分红"的转变。从"大包干"的"红手印"到确权颁证的"红本本"，再到集体股份合作、"三变"（资源变资产、资金变股金、农民变股东）改革的"分红利"。

党的十九大做出实施乡村振兴战略的重大部署，小岗村也制订了《小岗村乡村振兴实施方案》，以改革为引领，推出 5 大类 60 项举措推动乡村振兴发展。其中把完善"三权分置"改革、村集体产权制度改革，推动"三变"让集体资产股权真正活起来作为其主要路线。2020 年，通过大力实施乡村振兴战略，小岗村集体经济收入再创新高，达到了 1 160 万元。

种种情况表明，无论是"沈浩思路"还是"二次创业"，抑或后来的"股份合作分红"，都没有一个一成不变、一劳永逸的成功模式。在农业的可持续发展模式中，不仅所谓的西方模式行不通，就是土生土长的"包干制"也靠不住，不同时代、不同阶段、不同地域，其发展模式必定因时、因地、因人而异，没有一个所谓通用的放之四海而皆准的模式。

那么，这是否就意味着没有规律可循呢？理论来源于实践，但理论又

---

① 习近平考察小岗村 重温中国改革历程［EB/OL］.（2016-04-25）［2021-06-16］.http://www.xinhuanet.com/politics/2016-04/25/c_1118732259.htm.

高于实践，一个科学的理论一定具有普遍性的指导意义。我们在重新审视"小岗模式"的同时，一定要挖掘其具有普遍意义的价值部分，以便更好地推动中国农业、农村的发展。

今天来看，"包干制"是具有划时代意义的，它解决了中国数亿农民的温饱问题，但在促进农业发展、带领农民致富、振兴乡村方面，"小岗模式"显然已是力不从心。所以，在新时代下，尤其是在党的十九大乡村振兴战略提出之后，小岗村面临着新的起点、新的挑战——如何突破过去的"单干"局限，通过发挥集体优势，从过去的"小岗模式"走向新时代的"新小岗模式"。"小岗精神"可以传承，但"小岗模式"必须与时俱进，必须转型升级。

自 2016 年起，小岗村的发展迎来了新的曙光。无论是其土地确权流转，还是股份制合作改革、分红利、实施乡村振兴方案等，都与发展集体经济紧密相连。小岗村人对集体经济有着"爱恨交织"的情结——它曾是小岗村人舍命抛开的枷锁，又是小岗村人奋起直追的榜样，当年沈浩带领小岗村人集体向南街村学习取经，并提出了"壮大集体经济，走共同富裕"的发展路线。

虽然沈浩同志已经离去，他无法看到今天小岗村的发展状况，但我们相信他的内心一定有个未完成的愿望，那就是希望小岗村学习南街村发展集体经济，带领小岗村人民走上共同富裕的道路。沈浩只看到了南街村发展的前半部，南街村的后半部也只有到今天才尘埃落定，才能给出一个相对客观的定论。遗憾的是，沈浩不仅没有看到南街村模式的局限性，更无法看到集体经济在新时代下新的演变。

无疑，南街村是集体经济的一个代表，但它的集体经济模式和经验又有多少值得借鉴？它曾以破竹之势在全国农村、农业改革浪潮中脱颖而出，被称为实现中国梦的一盏"指路明灯"，但这盏"指路明灯"真的可以照亮中国农村吗?

从小岗村到南街村,这是从"包干制"转向发展集体经济,通过集体经济模式来降低包产到户单干带来的局限性,通过土地资源的集中规划实现产业规模效应,实现产出效益的最大化。

那么,南街村又是如何做到的呢?南街村的集体经济与早年的人民公社有什么不同?南街村的集体经济与新时代下农村集体经济又有什么不同?南街村的成功之处又在哪里?南街村的集体经济模式为何无法复制?我们相信这是相关部门,尤其是像沈浩同志一样关心中国"三农"事业的领导者们特别关心的问题。

小岗村的改革之路将何去何从?小岗村能否成为新时代乡村振兴的样板与标杆?我们相信答案就在于如何构建中国特色的集体经济发展模式、如何探索新时代农村集体经济发展新路子。

在这之前,我们有必要把目光投向离小岗村千里之外的南街村,它曾掀起了一场轰轰烈烈的集体经济高潮,它以破竹之势在全国农村、农业改革浪潮中脱颖而出,它取得的成绩曾引起党中央的高度重视。那么,它究竟做了什么?又做对了什么?

第二章　南街村的崛起
——农村集体经济的异军突起

无疑，南街村曾是发展集体经济的一面旗帜，在当前坚持农村土地集体所有制不动摇这一铁律面前，重新认识"南街村模式"，对中国农业、农村的改革有着极其重要的现实意义……

第一节　赶超深圳速度的"红色亿元村"

为何南街村在一穷二白、无任何资源优势的贫瘠之地却走出了一条被誉为"南街村模式"的农村集体经济发展道路？

南街村无疑是一个极具传奇色彩，但又颇具争议的农村改革典范。它的传奇之处在于，当人民公社土崩瓦解，实行家庭联产承包责任制成为大势所趋之际，南街村却在各种质疑声中选择重走集体经济的发展道路。

结果，南街村的集体经济发展不仅没有让人失望，还异军突起，成为农村改革的一颗闪耀之星。声名远扬的"南街村模式"被誉为中国农村未来的"希望"。它甚至让"中国农村改革第一村"的小岗村带头人沈浩，乃至全国各地的干部纷纷前来取经学习。

一时间，"南街村模式"红遍大江南北，轰动海内外，众多国内外媒体更是争先恐后采访报道。

　　但是，南街村改革成功的背后究竟隐藏着何种奥秘，到目前仍然没有经得起检验的定论；它对中国农村的改革与发展具有多少普遍性的指导价值，学术界也是多有争议；它所取得的发展成果也受到众多人的质疑。

　　那么，南街村究竟做了什么？它又做对了什么？在当前实施乡村振兴的重大战略背景下，在坚持农村土地集体所有制不动摇这一铁律面前，重新审视南街村的集体经济发展之路，对中国农业、农村的改革有着极其重要的现实意义。

　　南街村地处豫中平原中部，隶属河南省漯河市临颍县，因位于县城的南部而得名。南街村有常住人口 848 户共 3 180 多人，耕地近 1 000 亩，土地面积 1.78 平方千米，人多地少，村民每人拥有约 7 分（1 分≈66.67 平方米，下同）地。像南街村这样耕地资源匮乏的地方，在我国中西部地区很普遍。中国 2 000 多个县市中，很多地方的自然条件都与其相当。

　　但问题是，为何南街村在这样一穷二白、无任何资源优势的贫瘠之地却走出了一条被誉为"南街村模式"的农村集体经济发展之路，并一举成为中国农村集体经济的典范与榜样？在坚持集体主义的原则下，南街村通过发展集体经济几近实现了共同富裕，经济平稳发展，社会和谐，人们安居乐业。为此，它还获得了全国十大名村、"红色亿元村"等荣誉。

　　要剖析"南街村现象"，我们就不得不提及"南街村模式"的缔造者王宏斌。可以这样说，没有王宏斌，就没有今天的南街村。1951 年，王宏斌出生在河南省临颍县城关镇南街大队一户农家。因为过去南街大队穷得出了名，所以周围的村镇叫它"难街村"。

　　根据相关媒体报道，高小[①]六年级毕业时，王宏斌正赶上"知识青年上山下乡运动"，学上不了，只好回家干农活。他没事儿就学着用玉米秆、高

————————————

① "高小"全称为"高级小学"；小学五年级、六年级被称为"高年级"。

25

梁秆编草垫，队里人觉得他编得好，经常找他编草垫。

王宏斌 17 岁时，生产队的老队长觉得他虽然年龄小，但做事情细致负责公道，就推荐他当了生产队长。据说还有这样一个插曲，当时农村实行"工分制"，要按时出工。王宏斌一上任，就因为自己的母亲和妹妹来晚了，当众扣了她们的工分①。

1977 年 6 月，26 岁的王宏斌当上了南街大队党支部书记、党总支书记。王宏斌不负众望，带领南街村实现连续两年粮食、烟叶亩产全县第一。但他发现，村民的生活并没有因此变好。听人说刘庄的史来贺让村民家有粮吃、手有钱花，于是王宏斌带着村里的主力去刘庄取经。在考察刘庄后，王宏斌明白了一个道理，那就是没有工业，农民富不起来。

时隔一年，也就是 1978 年 12 月，党的十一届三中全会揭开了改革开放的序幕，此时的中国开始实行对内改革、对外开放的政策。对内改革先从农村开始，安徽省凤阳县小岗村实行的"分田到户，自负盈亏"的家庭联产承包责任制在全国各地遍地开花。

而此时的南街村并没有紧跟时代的步伐迎头赶上，相反，在王宏斌的带领下却"背道而驰"，选择了大力发展集体经济走共同富裕道路。他带领全村父老乡亲，在一穷二白的黄土地上，"靠玩泥蛋起步，靠玩面蛋发家"。南街村大力发展村办工业，先后建起了面粉厂、方便面厂、胶印厂等 26 个企业，产品畅销全国 20 多个省、自治区、直辖市，出口十几个国家和地区，2006 年实现产值 13 亿元，利税达到 7 000 多万元，村民人均分配 6 900 元。

在当时，南街村能取得这些成绩是令人瞩目的，尤其是对这样一个贫困落后的农村地区，这不得不说是一个奇迹。当我们分析南街村的发展之路时，发现有一个极具争议的焦点，那就是集体经济。

---

① 《说出来不容易》第五章第三节南街村的老班长——王宏斌[EB/OL].(2016-05-07)[2021-06-16].http://tv.cctv.com/2016/05/07/ARTIEXUaClIP3Ad3inFdtxVu160507.shtml.

王宏斌为什么要选择走发展集体经济的道路？是不是只有发展集体经济才能造就南街村的成功呢？《华西都市报》《封面新闻》记者曾采访南街村带头人王宏斌①，王宏斌总结了如下三个原因：

一是"土地分了，但是人心散了"。分田到户让每一个人只关心自己的"一亩三分地"，只关心自己的利益，人心变得涣散。没有人关心国家、集体。没有国，哪里有家？没有集体，哪里有个人？

二是把土地承包出去，但老百姓没有得到好处，大部分收益被承包人拿走了，这容易引起社会矛盾。

三是分田到户按照中央的指导思想是，因地制宜，宜统则统，宜分则分，不能一哄而上，要结合当地实情，而南街村的实际状况更适合走发展集体经济的道路。

这样的回答确实很有水准——不仅思维清晰、逻辑缜密，而且很有思想高度，很难看出这出自一个村干部之口。无论从哪个角度来看，以上的分析都基于人民群众的根本利益，都是从国家利益、人民利益出发，更像是一个高级领导干部应有的姿态。

但是不是如王宏斌所说的那样，只有发展集体经济才是南街村的出路呢？如果答案是肯定的话，那么它对其他相似的农村地区又有多少借鉴意义呢？或者说"南街村模式"有多少成分具有普遍意义？又有多少是建立在王宏斌个人的机会主义之上？在理想与现实之间，在伦理价值与科学发展之间我们要实事求是，尤其是探求农村经济的发展规律，来不得半点含糊。

按照王宏斌的说法，南街村的集体经济发展决策并非拍脑袋而为，而是在实践中逐步摸索出来的，是实践出真知，也是不得已而为之。

---

① "亿元村"南街村带头人王宏斌：实现共同富裕，要让村里人富得不存一分钱［N/OL］. 华西都市报，2018-09-14（A3）　［2021-06-16］. https://e.thecover.cn/shtml/hxdsb/20180914/88338. shtml.

起初，在全国上下分田到户大搞"包干制"的背景下，南街村也搞起了土地承包责任制。1981 年，南街村将土地一下子分到了各家各户，两个村办企业——面粉厂和砖厂也由个人承包了，不少农户也把土地租给别人种，或转给亲戚朋友。但是一两年下来，南街村的粮食产量大幅度下降，而承包出去的面粉厂和砖厂确实让承包者发了财，但他们经常不发工资、不上缴利润而引起群众极大不满，还接连发生事故，造成人员伤亡。这也确实验证了王宏斌的一句话："承包人的腰包鼓起来了，老百姓却没得到实实在在的好处。"

此时，他们发现搞承包制不是出路，搞集体经济势在必行。于是，以王宏斌为首的村领导班子决心改变当时的状况。1984 年，南街村党支部决定收回面粉厂和砖厂，继续由集体经营。面对大量闲置荒芜的土地，村领导又做出决定：将耕地逐步回收，进行集体经营。《中国南街村》一书指出，从那时起，南街村走上了真正意义上的集体共同富裕道路。

在"班长"王宏斌的带领下，20 世纪 80 年代末 90 年代初，南街村相继建成了包装厂、冷库，扩大了糕点厂和方便面厂，新建了大型面粉厂，甚至在 1992 年还上马了河南省漯河市中日合资印刷厂，等等。

南街村公开的资料显示：1984 年，南街村工业产值达 70 万元；1986 年，村办企业的产值则达到了 320 万元。1990 年南街村集团产值是 4 100 万元，1991 年是 1.01 亿元，1992 年是 2 亿元，1993 年是 4.2 亿元，1994 年是 8 亿元，1995 年是 12 亿元，1996 年是 15 亿元，1997 年是 16 亿元，1998 年是 16 亿元，1999 年是 14.2 亿元，2000 年是 14 亿元。"这种发展速度是 16 年增长 2 000 倍。"王宏斌说。南街村的发展速度，远远超过了因改革开放发展起来的明星城市深圳的速度①。

---

① 上官敷铭. "红色亿元村"南街村发展真相 [N/OL]. 文摘周报，2008-03-07（8）[2021-06-16]. https://digest.scol.com.cn/2008/03/07/200803072307204448363.htm.

第二节　集体经济下的"南街村模式"

南街村的集体经济与人民公社时期的集体化有什么不同？南街村又是如何超越人民公社并一举成为集体经济模式的样板的？

南街村发展的速度如此之快，以至于把改革开放的前沿阵地深圳都甩在了后面。人们不禁要问，在这样一个资源贫瘠的中原村落，它是凭什么发展成为"红色亿元村"的？是得益于"班长"王宏斌睿智的举措，还是南街村人的团结拼搏？又或是集体经济的优越性？南街村的"奥秘"到底是什么？

在业界看来，南街村的成功源于两点：一是坚持毛泽东集体主义思想；二是实行集体经济下的分配制度。

在中国，王宏斌领导的南街村可称得上是个极具个性的亿元村。有人称之为"毛泽东思想的样板村"。这里始终坚持大学《毛泽东选集》、大学雷锋、大唱革命歌曲的"三大活动"。南街村有 14 亿的家底儿，但没有"私有制"。在这个只有 1.78 平方千米的村庄里，几乎看不到金钱的交易。村民的一切由村集体供给①。

比如，当我们走进南街村时，发现在东方红广场上竖着一尊巨大的毛泽东雕像。雕像高高耸立，挥舞着右手，向人们指引前进方向。为了体现雕像的神圣，村里派民兵 24 小时守卫。雕像两侧分别竖立着马克思、恩格斯、列宁、斯大林的巨幅画像，而在南街村文化园前的宣传墙上则写着：

---

① 《说出来不容易》第五章第三节南街村的老班长——王宏斌[EB/OL].(2016-05-07)[2021-08-15].http://tv.cctv.com/2016/05/07/ARTIEXUaClIP3Ad3inFdtxVu160507.shtml.

一个民族不可以没有精神、信仰、方向、灵魂和旗帜，毛泽东就是中华民族的精神、信仰、方向、灵魂和旗帜。

每天清晨，村民们要在《东方红》乐曲声中整整齐齐走进工厂，每天又在《大海航行靠舵手》的乐曲声中整整齐齐走出工厂。

至于为什么要选择"红色文化"作为精神文明建设载体，王宏斌提到了两个主要原因：一是党中央历来重视精神文明建设，作为基层党组织，必须与党中央保持高度一致。二是南街村发展的是集体经济，需要的是具有全心全意为人民服务思想和作风的人①。坚持毛泽东思想，其实也是希望解决南街村发展动力的问题，也就是要解决为谁干这个问题。

因为南街村在刚起步的时候，一无资金，二无技术，三无人才，在这样的情况下，南街村的党组织让群众去干什么，群众不去干怎么办，于是，王宏斌想到发挥共产党政治工作这个优势，搞起了大学《毛泽东选集》、大学雷锋、大唱革命歌曲的"三大活动"。党员干部学《毛泽东选集》，群众学雷锋，再加上大唱革命歌曲，弘扬主旋律，凝聚大家的思想，统一大家的行动，使大家走到一起来，发展集体经济，走共同富裕的道路②。

按照王宏斌的解释，富裕不等于幸福，幸福包括富裕。富裕指的是富了集体，幸福则是代表个人。只有集体富裕了，个人才能得到幸福。没有集体的富裕，哪来个人的幸福？南街村实现了共同富裕的目标——"要让村里人富得一分钱存款都没有"③。

正是在这种思想指导下，南街村的党员干部绝大多数都不是为自己干

① 李冬洁. 王宏斌：南街村人崇尚"傻子精神"［EB/OL］.（2006-04-10）［2021-08-15］. http://cpc.people.com.cn/GB/47816/4284158. html？wij.

② 央视《乡约》：王宏斌与南街村［EB/OL］.（2005-10-09）［2021-08-15］. https://news.sina.com.cn/c/p/2005-10-09/15117957778. shtml.

③ "亿元村"南街村带头人王宏斌：实现共同富裕，要让村里人富得不存一分钱［N/OL］. 华西都市报，2018-09-14（A3） ［2021-06-16］. https://e. thecover. cn/shtml/hxdsb/20180914/88338. shtml.

的，都是为国家、为集体、为大家而干的。

在具体实践中，南街村实行"工资+供给"的分配制度①，从制度层面建立起集体经济的执行保障体系。如村民的住房、生活、教育、医疗等费用全由村里承担，基本的粮食和副食品也实行供给制，村民所需购买的只是自己的衣物、日用品等。

南街村全村共有 3 000 多口人，在南街村从幼儿园到高中，从超市到卫生院，一应俱全。村民每人每月只发少量的工资，包括王宏斌在内的村委班子成员，据说每个月只拿 250 元人民币，被称为"发扬二百五精神""傻子精神"②，只为集体造金山，不为个人搬块砖。

在村民福利方面，从 1986 年最初的水电免费，到如今发展到面粉、鸡蛋、啤酒、食用油、肉、豆浆、鲜鱼、燃气、子女入托上学、医疗、住房等 20 多项公共福利全部免费，每月定量发给村民吃穿用住几乎所有生活用品。公开数据显示，南街村在村民的供给开销上每年要花费 2 000 多万元，每人年纯福利超 8 000 元③。

为了解决住房问题，从 1993 年起，南街村开始建设高标准的住宅楼，并按人口分配。大套三室一厅，92 平方米；小套二室一厅，74 平方米。村里统一配备了中央空调、彩色电视机和家具，厨卫设施也是一应俱全。据称，一套房子耗资近 8 万元，村民可直接拎包入住④。

---

① 林恒伟，刘风明. 魅力红色亿元村——南街村［N/OL］. 河南经济报，2015-05-05［2021-08-15］. https://www.zyjjw.cn/news/henan/2015-05-05/232776.html.

② 陈四化，张培奇. 王宏斌："傻子精神"照亮幸福村庄［EB/OL］.（2012-11-08）［2021-08-15］. http://dangjian.people.com.cn/n/2012/1108/c78694-19529242.html.

③ "亿元村"南街村带头人王宏斌：实现共同富裕，要让村里人富得不存一分钱［N/OL］. 华西都市报，2018-09-14（A3）［2021-08-15］. https://e.thecover.cn/shtml/hxdsb/20180914/88338.shtml.

④ "亿元村"南街村带头人王宏斌：实现共同富裕，要让村里人富得不存一分钱［N/OL］. 华西都市报，2018-09-14（A3）［2021-08-15］. https://e.thecover.cn/shtml/hxdsb/20180914/88338.shtml.

如果把坚持毛泽东思想、大力发展集体经济当作南街村的成功法宝，这显然过于片面，也经不起推敲，否则当年人民公社下的集体经济早就成功了，共同富裕的目标早就实现了。这里的问题是，南街村的集体经济模式与人民公社下的集体化有什么不同？南街村又是如何超越人民公社并一举成为集体经济模式的样板的？

事实上，我们在分析南街村改革成功的原因时发现，南街村模式在形式上与毛泽东思想下的集体经济路线没有本质的不同，无论是指导思想还是分配制度都是异曲同工，大同小异。但为什么人民公社不能持续，而南街村却搞得红红火火？

不同之处在于两者的经济环境不一样：人民公社时期的集体经济是高度计划下的自给自足经济，大家都守着同一口锅；南街村的集体经济则是建立在改革开放基础上的市场经济，是生产要素的流动性激活了市场需求，人人都有一口锅。

改革开放最大的贡献是把种田的权利还给了农民，把经营企业的权利还给了个体；驱动了人的积极性、创造性，从而打开了市场经济的大门。也正是改革开放让中国的市场与国际贸易对接，从而带来了巨大的消费市场，才让南街村获得了高速增长的机会。

那么有人可能会问：中国数万个乡镇单位，为何偏偏只有处于中原地区的南街村成功了呢？这无疑是剖析南街村模式的核心问题所在。很多人将其成功归于集体经济的优越性，认为是毛泽东思想在经济建设中大放光芒。然而，这只不过是一孔之见，是只见树木不见森林。若真是如此，那"南街村模式"在全国各地皆可开花结果。

笔者认为，南街村的成功主要归结于三个方面。

一、如果没有改革开放的时代背景，就不可能有南街村的奇迹

小池塘是养不了大鱼的，没有改革开放下市场需求的井喷，南街村仍然会是一潭死水，一穷二白。从 1981 年到 1984 年，中国的私营企业如雨后春笋般在全国各地遍地发芽，巨大的消费市场冲击各行各业，原始财富积累正是从这里开始的。南街村也正是抓住了改革开放的时代机遇，在王宏斌的带领下，大胆开办各种村办企业，从最早的砖厂、面粉厂，到后来的方便面厂、啤酒厂、调味品厂、印刷厂等，南街村的产值快速提升。南街村集团的快速崛起，得益于市场开放后抢占先机，占领空白市场，快速实现了原始财富的积累。这与改革开放初期敢于"下海"拼搏并成功的企业家们没有本质的不同，是时势造英雄。

二、如果不走集体经济的发展路线，就不可能有"南街村模式"的诞生

为什么是南街村村民走向了共同富裕？集体经济为什么在南街村取得成功？这是最敏感也是最触及本质的问题。为什么当年让人引以为豪的小岗村后来发展裹足不前？是因为"包干制"在激发个人积极性层面比"大锅饭"要优越很多，但分田到户后，农民各自为政难以实现规模经济，个人产出很容易就触碰到天花板。就像沈浩所说的："家庭联产承包责任制把人的生产积极性调动起来了，但土地却变得分散了，整体的产出规模遇到了瓶颈，也只有将土地集中起来，集中力量、集中资源才能办大事，才能将小岗村的农业规模搞起来。"

从这个角度再来看"南街村模式"，王宏斌无疑洞察到了这一点，也清

醒地认识到了人多力量大和集体经济的优越性，更重要的是他看到了"单干"后土地分散的局限性进一步制约了农村的发展。正如他所说的，分田到户让每一个人只关心自己的"一亩三分地"，只关心自己的利益，人心变得涣散。

事实上我们发现，"南街村模式"之所以成功，除了改革开放的时代背景，更重要的是它通过集体所有制，将分散的资源很好地组织起来，通过实现共同富裕把个人的力量汇聚成一股合力。在正确的方向指引与共同的利益驱动下，集体组织并不会出现"大锅饭"式的内耗，反而会形成心往一处想、劲往一处使的凝聚力，大大降低组织、协调成本，并提高生产效率，加快发展速度。这也是"小岗模式"后续发展动力不足的问题所在。当年小岗村也引进了很多企业，先后开办了钢构厂、装饰材料厂、节能电器厂等企业，但发展始终不尽如人意，因为它不但缺乏集体经济的资源聚合力，而且缺失高效配置资源的集中决策机制，更缺乏"人心齐，泰山移"的集体力量，而"南街村模式"恰恰弥补了这一点。

三、如果没有毛泽东思想与按需分配的制度保障，
"南街村现象"就无法持续

"南街村现象"引起了学者、媒体等方面的强势关注，这在很大程度上源于其高举毛泽东思想和实现共同富裕的伟大旗帜。这面旗帜本身就非常吸引眼球。在改革开放初期，回头走集体经济路线是一个很具有争议的话题，而发展集体经济实现共同富裕不就是毛泽东思想的最好体现吗？这才有了外界说的毛泽东思想成就了南街村。

但是，仅有毛泽东思想是不够的。只"喊口号"不能解决吃饭问题，不能解决发展问题，所以是很难持续下去的，历史早已证实"大锅饭"的

诸多弊端。

毛泽东思想不仅解决了南街村发展的动力问题，解决了为谁而干的问题，更重要的是按需分配制度更好地延续了其发展动力，让南街村在理想和现实中找到了平衡，在物质和精神上同时得到了满足，让实现共同富裕成为可能，这才让王宏斌如此有底气地说"要让村里人富得不存一分钱"。所以，如果没有按需分配的制度保障，"南街村现象"也将无法持续，而"共同富裕"就会成为"一张画饼"。

理想与现实是一对矛盾的统一体，"南街村模式"的成功之处在于很好地把两者结合起来，在"虚"与"实"之间找到了平衡点，在追求理想中满足了现实的需求，这与人民公社下"乌托邦"式的理想主义截然不同。

王宏斌是一个理想主义者，他自始至终致力于建设共同富裕的理想社会。他用毛泽东思想武装民众，用按需分配制度来实现集中决策，更重要的是他坚信南街村的共产主义一定能实现！曾有媒体采访王宏斌，记者问："如果有人问南街村能坚持多久，你怎么回答这个问题？"王宏斌的回答是："当年林彪问毛主席：红旗到底能打多久？毛主席答：星星之火，可以燎原……日本的山岸村就是共产主义小社区，以色列的基布兹也是共产主义小社区，资本主义国家都有共产主义小社区，为什么中国不能有呢？有坚定共产主义理想信念的人坚守这块阵地，我坚信，南街村一定会坚持下去！"①

---

① 苑中华. 南街村"掌门人"王宏斌：我坚信共产主义一定能实现［EB/OL］（2015-11-03）［2021-08-15］. http://news.youth.cn/wztt/201511/t20151103_7270158_2.htm.

第三节　新时代下，"南街村模式"还能走多远？

南街村的集体经济解决了市场问题，也解决了发展动力问题，但没有解决现代产权问题，也就注定了南街村无法实现二次飞跃。

《南方都市报》曾在《"红色亿元村"神话破灭始末》一文中报道，2004 年南街村集团反映在财务账面上的欠债额高达 16 亿余元，甚至发不出员工工资，多条生产线停工。

中国人民大学社会学系副教授冯仕政曾对南街村进行调研。他根据不完全统计的 1985—1998 年南街村银行贷款的数据分析后得出：第一，总产值和银行贷款增长趋势是完全一致的，增长幅度也差不多，在总产值翻番的同时，银行贷款也在翻番；第二，1991 年及以后，银行贷款远远高于利税，到 1998 年银行贷款已接近利税的 7 倍。结论是：南街村的高速经济增长不是靠自身积累，而是靠银行贷款。

对此，王宏斌在媒体采访时并不回避贷款的问题，相反他还直言不讳地肯定南街村高速发展就是靠银行贷款，尤其是 1991—1996 年南街村高速发展的时候要是没有银行的贷款，任何企业自身都不可能有扩大再生产的能力。

南街村遭遇的危机，是否和银行借贷有直接关联，南街村方面并没有正面答复，以上报道是否真实可靠，作为局外人我们不得而知，但我们从"班长"王宏斌的回答不难看出其危机确实发生过。

王宏斌曾自己坦言，在 1996—2004 年，南街村经历了严重的经营危机，最困难的时候，账目上只有 7 000 元钱。据说还有这样一个细节，2004 年

4月的一天，王宏斌在村子里散步，正发愁接下来该怎么办，十几个村民把他围住了。村民告诉他，压力不要太大，企业是大家的，有困难大家一起想办法。最后村民自发捐款，加上企业内部融资，总共筹集到100多万元，这笔钱首先被用作利润最高的调味厂的流动资金。如果对此还有疑义的话，我们来看新华社记者曾对王宏斌做过的采访。

在2016年新华社记者采访南街村时，得知南街村在2004年遇到发展中的"经济危机"并顺利渡过，问其原因是什么。王宏斌语气坚定地说："这是集体的力量！集体为什么有这个力量？这都是信仰的力量，就是要坚信共产主义、坚信毛泽东思想、坚持走共同富裕道路。如果信仰动摇了，就不会有这种力量。"①

客观来看，南街村的成功很大程度上得益于时势，换句话说，它是改革开放的产物。但按照王宏斌的说法，他更愿意接受英雄造时势的结论。无论是南街村的贷款争议，还是2004年的经济危机，他认为这些对"南街村模式"并没有决定性的影响，他更相信毛泽东思想下精神力量的无穷性和创造性，这也就注定了南街村的发展带有浓厚的个人感情色彩，由于无限地放大了王宏斌个人的主观能动性，南街村神话的破灭也就此埋下了伏笔。

现在对"南街村模式"盖棺定论也许为时过早，但我们深入剖析"南街村模式"，对当前农村经济改革、实施乡村振兴战略具有重大的现实指导意义。因此，我们要从一个科学的、客观的角度来看待"南街村模式"的利与弊。

如果我们把南街村当成一家企业——事实上也是如此（南街村集团），王宏斌就是一个优秀的企业家，只不过这家企业与众多抓住改革开放机遇

---

① "这是集体的力量"——新华社记者采访南街村［EB/OL］.（2016-12-20）［2021-06-16］.http://www.maoflag.cc/portal.php? mod=view&aid=4273.

成长起来的民营企业不同，它是一家集体所有制的村办企业。在很多人看来，一提到集体经济就会联想到人民公社"大锅饭"，但南街村的集体经济与人民公社下的集体经济截然不同。

首先，南街村集体经济的发展壮大建立在市场经济基础之上。自中国改革开放后，生产要素资源通过市场配置得到充分利用，而南街村能够在短短的几年时间赶超深圳速度成为"红色亿元村"，是因为有改革开放下庞大的市场容量支撑着。大市场意味着大需求，王宏斌带领南街村抓住时代的发展机遇，使得南街村的产值呈几何级数增长，这跟当年"下海"的企业家没什么两样，是市场机遇让南街村获得了第一桶金。

其次，南街村的按需分配与人民公社的按劳分配有着本质的不同。虽然都是为了实现共同富裕，但是人民公社下的集体经济实行的是计划经济下的按劳分配制度，缺失市场这只"无形之手"，资源要素得不到充分利用，没有用价格来调节资源分配，交易费用极高。这就是为什么会出现出工不出力的"大锅饭"局面，显然"人多力量大"的逻辑在这里行不通，最后还引发了"浮夸风"这样的荒唐现象。

但南街村恰恰相反，它的集体经济实行的则是市场下的按需分配制度，通过市场这只"无形之手"将南街村这潭死水搅活了，让南街村的产业得到空前扩张，创造了巨大财富。比如将荒芜的土地、破败的厂房进行归并整合，并组织人民群众进行生产，通过市场这只"无形之手"将其转化为村集体财富，这才有南街村按需分配的高福利出现。

所以，王宏斌这个"班长"更像一个极具创造力的企业家，他的成功之处在于用"有形之手"将农民组织起来，又用"无形之手"的市场机制创造财富，将一个贫困落后的村子发展成为"亿元村"。

于是有人就要问：如此看来岂不是发展集体经济更有优势？那为何"南街村现象"并没有成为普遍现象？"南街村模式"也并没能成功复制？

发展集体经济要解决三个问题：

第一是要有市场的协助。集体经济不等于计划经济，发展集体经济是为了更好地推动资源要素的市场化与规模化。如果没有市场的协助，集体经济就无法实现价值交换与财富创造，就会变成无源之水，必然枯竭。计划经济下的集体经济为什么会走向"大锅饭"？因为缺乏市场这只"无形之手"，蛋糕只会越分越少；只有通过市场的价值交换把蛋糕做大，才能保证有足够的蛋糕分配。实现共同富裕，也是在"做大蛋糕"的基础上"分好蛋糕"。

第二是要解决集体经济的发展动力问题。在很多人看来，民营企业发展成功是因为企业家有着很强烈的追求财富与个人成功的欲望。因为产权属于个人，企业家就有足够的动力与责任心把企业做好，这也验证了经济学亘古不变的真理——追求利益的最大化。

但作为集体经济其发展动力从何而来？我们从王宏斌的回答中不难看出，他将其归于毛泽东思想下实现共同富裕的信仰力量，也就是大公无私、为人民服务的精神力量。这也是追求利益的最大化，只不过不是追求个人利益的最大化，而是追求人民群众利益的最大化。这种追求有利于社会整体的发展，更有利于社会的繁荣与稳定，这种追求显然要高于个人对物质财富的追求，其动力与热情也将更为持久。

我们用一个形象的比喻来说明。在大冬天，一个小孩掉进了冰冷的河里，这个时候围观群众虽然心急如焚，但就是没有人跳进河里将其救起。如果每个人都考虑自身的利益，没有舍己救人的精神，那么这个小孩肯定会被淹死或被冻死。所以这个时候需要英雄，需要有大公无私、舍己救人的英雄出现。王宏斌就是一个带领南街村脱贫致富的英雄，他有带领大家把南街村做大做强的强烈的责任感和使命感，他有无穷的动力去投身于南街村的经济建设，这种动力和决心就是南街村持续发展的源泉。问题是这种英雄太少！并不是每一次危机都会有英雄出现，这也就注定了南街村的独特性。

南街村是先有王宏斌，后有"南街村模式"，这就是很多人在学习"南街村模式"但鲜有成功的原因。当年小岗村的沈浩也带队考察南街村，学习南街村的经验，但依然没有挽回小岗村发展停滞不前的局面；全国各地来向南街村取经的人络绎不绝，但大部分考察变成了追忆毛泽东思想的红色游学体验。

但是，经济建设不仅仅是解决发展动力的问题，还要遵循经济发展的规律。王宏斌忽视经济发展的客观规律，不遵循市场经济的原则，不尊重个人产权，将"人多力量大"当作经济发展的制胜"法宝"，压制个人创造力，这就注定让南街村在市场经济转型时期错失二次改革，在其后续发展中反而为人所诟病。

第三是发展集体经济必须建立现代产权治理体系。南街村发展集体经济解决了市场问题，解决了动力问题，但却没能解决产权问题。这个产权不是指经济上、法律上的所有权，而是指现代产权治理体系。这种现代产权体系的缺失、现代法人治理体系的缺位，不仅让南街村无法实现二次飞跃，相反还会大大吞噬掉南街村取得的成果。

比如，在南街村王宏斌是"班长"，是一家之长，在所谓"按需分配"的福利发放制度下可以随心所欲，这就给南街村后期的发展带来很大的矛盾与阻力，包括后来内部之间的不团结、腐败滋生等问题，也正是因为产权问题没有处理好，南街村无法从原始的人治管理走向现代法人治理，依然停留在"拍脑袋"和"喊口号"的初级阶段，这就不可避免地会"犯错误"，尤其是犯一些重大的低级错误。

1999 年，南街村要上马"永动机"项目，这个已经被科学原理及诸多实践证明不可能实现的项目，除了王宏斌一人赞同以外，"三大班子"的所有成员均反对，然而在王宏斌的坚持下"永动机"项目还是上马了。据称南街村为此买来了三台新的奥迪轿车用于实验，但将发动机拆卸后装上"永动机"的汽车并不能正常启动，轿车报废，"永动机"项目宣告失败。"永动机"本就是一个极为荒唐的项目，但王宏斌硬是将其推上马，不仅没有给南街村带来任何经济效益，南街村还为此赔进了2 000余万元，但王宏斌并未因此而承担任何责任。

由于现代产权制度问题没有得到解决，南街村也就注定无法实现二次飞跃。当"人有多大胆，地有多大产"的市场环境不复存在时，南街村的优势便荡然无存，而王宏斌等第一代创始人的使命也就走到了尽头。

随着改革开放进入新的发展阶段，市场经济对农村的发展也提出了新的要求，这也是国家要对农村集体产权制度不断深化改革的原因。从最初的家庭联产承包责任制，到土地承包制度三十年不变，到后来的"三权分置"，即在坚持农村土地集体所有的前提下，促进承包权和经营权分离，形成所有权、承包权、经营权"三权分置"，经营权流转，采取多种形式，进行适度规模经营。通过建立现代产权治理体系，更好地推动了资源要素的流动，同时又保护了个人权益、农民利益，避免了高度集中的集体经济带来的公私混为一体的集权弊端。

为此，中共十九届四中全会提出：把深化农村产权制度改革、发展农村集体经济、完善农村基本经营制度作为坚持和完善社会主义基本经济制度、推动经济高质量发展的重要任务。很显然，在新时代下，农村集体经济的发展也要与时俱进，不断解放思想，打破旧有思维桎梏，适应新的时代发展要求。

在乡村振兴的时代背景下，集体经济被赋予了新的内涵。发展集体经济不仅仅是"南街村模式"下的集中决策、集中力量办大事，还要不断完善农村产权制度和要素市场化配置机制，充分激发农村发展内生动力，做强产业，振兴乡村。

因此，要不断对农村集体产权制度进行改革，不断优化集体经济的产权结构，赋予农民更多财产权利，明晰产权归属，完善各项权能，激活农村各类生产要素潜能，建立符合市场经济要求的农村集体经济运营新机制。也就是既要发挥集中力量办大事的优势，又要利用市场机制的活力；既要借助"有形之手"的力量，又要发挥"无形之手"的作用。**让"统"与"分"相结合，以人民为中心，以共同富裕为目标，走更高质量、更有效益、更加公平、更可持续且符合市场经济要求的农村新型集体化发展道路。**

王宏斌虽然看到了发展集体经济的优越性，但却没有看到集体经济在新时代下的新要求，也很难理解集体经济的演变会以尊重个人产权为基础，以"三权分置"的形式、"统分"结合的机制来体现，而在他眼中集体经济代表的是无私的、无我的集体所有，只有国家、大家，而没有小家。

这就注定会让南街村在后续的发展中变得十分被动——不仅无法实现自我超越，还屡屡犯错，甚至犯一些低级的错误，以至于陷入艰难的困境。

那么，南街村到底做了什么？又做对了什么？

南街村的成功之处在于充分发挥了集中力量办大事的制度优势，通过抓住改革开放的时代机遇，大干快上地发展加工业，壮大了村集体经济，发展了农村，使农民富裕起来。但它的不足之处在于，它没有充分认识到新时代下集体经济新的内涵和要求，不能与时俱进地深化集体经济改革、完善集体产权制度、实现自我蜕变，最后演变成了高度集权的指令性集体经济，错失了在新的市场环境下培育自主创新的现代化经营能力的机会。尤其是在党的十九大后，在推进乡村振兴战略中，在走中国特色的现代化农业道路中，在完善农村基本经营制度、深化农村集体经济产权制度改革中，南街村似乎越来越偏离正确的方向……

虽然每天早上 6：15，在南街村依然会准时听到广播站播放《东方红》

乐曲"东方红太阳升，中国出了个毛泽东……"但此时的王宏斌已迎来70岁的古稀之年，他显然已不再年轻，而南街村也在争议中伴随改革开放走过了40余年。在党的十九大系列特别报道《王宏斌的共产主义村庄》专题中，王宏斌接受采访时说："中国发展集体经济的有2 000多个村，说南街村是'乌托邦'的人没有到过南街村来看，'乌托邦'是无形的东西，而南街村是有形的。"

当有记者问起"您认为南街村这条路是成功的吗?"时，王宏斌回答说："我个人认为，南街村这30多年对集体化道路的探索，解决了'三农'问题、共同富裕问题。可以说，南街村的做法为解决'三农'问题提供了一个能够借鉴的、行之有效的办法。"

王宏斌依然以南街村集体经济为荣，依然对南街村未来充满信心，但此时的南街村已风光不再，甚至在很长时间内逐渐淡出了人们的视线。2007年岁末，毛泽东的女儿李讷给南街村捐了10万元，并希望该款用于改善南街村领导班子成员的生活；王宏斌表示，南街村一定能够坚定信念，大树公心，努力工作，以实际行动来报答李讷夫妇的深切关怀，以无私奉献的精神，创造南街村更加美好的明天①。

直至2018年改革开放40周年，央视新闻在"改革开放40周年'行走在光阴里——最美乡村变迁'的系列直播"中直播南街村，中央电视台走进南街村，特意拍摄了一系列宣传片向国人介绍南街村。此时的南街村才重现大众的眼前，重回大家的记忆。

南街村能否实现自我蜕变，我们不得而知；"南街村模式"能否重现光芒，我们拭目以待，而在这之前我们有必要将目光投向距离南街村800千米之外的江阴市。在这里诞生了被誉为"中国首富村"的华西村，其年收入

---

① 毛泽东女儿李讷给南街村捐10万让村领导改善生活［EB/OL］.（2007-12-24）［2021-08-15］. https://www.chinanews.com/sh/news/2007/12-24/1112725.shtml.

达到 500 多亿元，是南街村的十几倍。同样是坚持发展集体经济，华西村无疑是发展壮大农村集体经济的全国标杆，华西村的奇迹又是如何创造的呢？"华西村模式"与"南街村模式"又有什么不同？不知道此时的王宏斌会不会放下"面子"，像当年小岗村的沈浩带队学习南街村一样，虚心向华西村学习……

第三章 华西村的奇迹
——"中国首富村"的发展奥秘

华西村是农村经济发展的一个"奇迹",已成为中国农村发展集体经济的标杆。但为何华西村只能成为一支独放异彩的"奇葩",而没有在中华大地遍地开花?

第一节 吴仁宝与"中国首富村"

当问起华西村的成功原因时,吴仁宝的回答是:既要研究中央精神,又要研究自我实际,"要怕又要不怕,这样才能成功"……

说起吴仁宝,也许还有很多人有点陌生,但说起华西村则无人不晓。2013年3月18日18时58分,吴仁宝同志因患肺癌医治无效在华西村家中逝世,享年85岁。在追悼会现场摆放着包括中央领导等多位领导人及各界人士致送的花圈。新华社称他为"当代农村干部的杰出代表""中国共产党的优秀党员""中国社会主义新农村建设的探索者、开拓者和卓越的带头人"。华西村5万村民悼念吴仁宝,花圈绵延300米远,吴仁宝之子吴协恩代表家属发言:"虽然吴仁宝去世,但华西精神永存……"

吴仁宝虽然走了,但他创造了一个中国农村改革与发展的奇迹。自1961年建立华西村以来,这个面积不足1平方千米、1 500多名村民连饭都吃不饱的村庄，蜕变为年销售收入达 500 多亿元、人均纯收入达 8.5 万元的超级企业集团，村民都变身为股份持有者。据说华西村村民每家每户基本都有 600 万元到 2 000 万元不等的存款，而吴仁宝是这一切的缔造者。因此，吴仁宝被称为中国第一村的掌舵人和引领人，华西村则成为中国公认的"天下第一村""中国首富村"。

可以这样说，没有吴仁宝，就没有今天的华西村。在探索华西村发展的奥秘时，我们不妨先看看吴仁宝的传奇人生，也许能让我们更好地了解华西村的成功之道。

根据相关媒体报道，吴仁宝出生于一户贫困农户家庭。他 11 岁给地主放牛；家里断粮，他只好去摸鱼捉虾换大米。14 岁前，吴仁宝"白天放牛喂猪，早晚照顾地主家瘫痪在床的儿子。一年下来，可以赚到 40 斤米"。1949 年 4 月，江阴全境解放，21 岁的贫农吴仁宝第一次分到了 2.4 亩地。紧随而至的抗美援朝，让这位一腔热血的青年决定从军报国，但他却因为"严重的关节炎"落选，一时报国无门①。但他内心充满着强烈的报国情怀与脱贫致富的决心。中华人民共和国成立后吴仁宝入了党，他一门心思要摘掉穷帽子，要带动村民富起来。

华西村位于江苏省江阴市华士镇西部。华西村原来叫华西大队，当年是远近闻名的贫穷村。由于太穷，外村没姑娘愿意嫁过来，所以有"有女不嫁华西去，宁愿扔在河浜里"的民谣。

华西大队初建时人口大约为 667 人，集体资产共计 2.5 万元，欠债 1.5 万元，人均分配 53 元。华西大队于 1961 年建村，最初面积为 0.96 平方千米，人口 1 500 多人。

1961 年吴仁宝任华西大队党支部书记。吴仁宝是一个有干劲、担当和

---

① 专访华西村长吴仁宝：实事求是最难［EB/OL］.（2011-11-18）［2021-06-16］. http://news.sina.com.cn/c/sd/2011-11-18/181823489120. shtml.

创新思维的基层带头人。他不仅很有闯劲，也很有头脑，上任就搞耕作革新，使得当地产粮量大增，成了饥荒年月的大能人。

1965 年他又发动村民搞了个 15 年"大规划"，靠肩挑背扛，将河流改道、削峰填谷，平整了全村土地。把原来 1 300 多块七高八低的零星田地，改造成 400 多块能排能灌的高产稳产大田，赢得了人变、地变、产量变。结果提前 8 年完成大规划，还成了全国农业先进典型。在随后的一年里，华西村水稻亩产 1 050 斤，人均收入增加了 40 元，华西村也很快成为江阴的 5 个样板村之一①。

20 世纪 80 年代初，中国农村开始经历一场新的重大变革，分田到户、包产到户的承包责任制迅速在各地推广。吴仁宝认为：中央政策的最终目的是让农民富裕起来，地方应该实事求是，坚持"宜统则统、宜分则分"的原则②。在那些生产力长年被"大锅饭"严重制约的地方，分田到户是非常必要的，尤其是在调动农民积极性上起到了立竿见影的效果；而华西村每人只有半亩地，且集体经济已经十分壮大，农民的日子一天比一天好，为什么一定要分呢？分了种地就得穷死，华西村集体经济最发达，正是集中用地办工业的好机会。

吴仁宝说："华西村当时的头等任务是要更大力度地发展集体经济，让大伙儿的生活更加富裕、共同富裕！"为此，华西村不仅没有分，还实事求是地坚持了自己发展集体经济的道路③。

1979 年，正是全国推行家庭联产承包责任制的时候，吴仁宝却提出了

---

① 赵佳月. 吴仁宝的"管理"学 [EB/OL].（2011 - 11 - 18）[2021 - 08 - 15]. http://news.sohu.com/20111118/n326115883. shtml.

② 孙彬. 华西村书记吴仁宝逝世 享年 85 岁 [EB/OL].（2013 - 03 - 19）[2021 - 08 - 15]. http://theory.people.com.cn/n/2013/0319/c40531-20833013. html.

③ 孙彬. 华西村书记吴仁宝逝世 享年 85 岁 [EB/OL].（2013 - 03 - 19）[2021 - 08 - 15]. http://theory.people.com.cn/n/2013/0319/c40531-20833013. html.

一个调整产业结构的方案：全村 500 多亩土地由 30 多名种田能手集体承包，绝大多数劳动力转移到工业上去。

后来，在吴仁宝的安排下，一些村民外出学手艺，回村后办起了锻造厂、带钢厂、铝材厂、铜厂等。在那段时间，华西人陆续办起了以冶金、纺织和有色金属为主的 40 多个企业，全村 95% 以上的劳动力投入了工业生产。1980 年，华西村的工农业总产值突破 1 亿元，成为江苏省第一个"亿元村"。

1983 年 1 月，华西药械厂诞生。由于市场时机抓得准，仅 1984 年该厂就大赚 200 多万元。赚来的钱积累起来用以扩大再生产，华西村的塑纺厂、板网厂、织布厂接连建成。

整个 20 世纪 80 年代，吴仁宝创造了波澜壮阔的"造厂时代"，华西村由此成为产值超亿元的富裕村，华西村经济常年以 20% 的速度稳步递增。

这一切都得益于掌舵人吴仁宝的智慧和商业眼光。吴仁宝有个习惯，每天必看《新闻联播》，看完后雷打不动地召开村党委会。1992 年 2 月，当邓小平南方谈话被连续报道后，吴仁宝预感到将有大事发生。他反复揣摩，突然在 3 月 1 日凌晨 3 点召开紧急会议。当会议结束时，华西村下一个时期压倒一切的中心任务已经明确，概括起来只有言简意赅的四个字——"借钱吃足"①，也就是说钱借得越多越好，原材料准备得越足越好。

当天开始，华西村狂借 2 400 多万元，疯买上万吨钢坯、上千吨铝锭，把仓库全堆满。大多数人还不明所以，之后全国迅速掀起建设热潮，一切不出吴仁宝所料，原材料价格很快狂涨数倍。有人说，吴仁宝开个会，赚了 1 亿元。华西村的经济从此跃上新台阶，奔着十亿村、百亿村的目标一往无前。

---

① 吴仁宝：华西村改革发展的带头人 [EB/OL].（2018-12-31）[2021-08-15]. http://news.cctv.com/2018/12/31/ARTI6NWTosIGVeLDd6VHUz3j181231.shtml.

2003 年，吴仁宝提前告诉村党委：宏观调控快来了。他的依据是：中国已加入 WTO，产业结构调整势在必行；经济出现过热苗头，原材料价格高到离谱。吴仁宝列出"三车"妙计：现有企业开稳车，新投项目开快车，未上项目急刹车。

数月后，国家宏观调控果真启动，人们对吴仁宝在大趋势上的预见力佩服得五体投地。大批企业前期盲目扩张，结果遭遇全面衰退；华西村的企业却未雨绸缪，该撤的项目果断撤掉，该加足马力的火力全开，结果华西村逆流而上，当年全村总产值突破百亿元。至 2016 年，华西集团控制的旗下公司达到 208 家，产业涉及钢铁、纺织化纤、材料、商业及其他板块，总资产达 500 多亿元。

当问起华西村的成功原因时，吴仁宝的回答是：既要研究中央精神，又要研究自我实际，"要怕又要不怕，这样才能成功"。

第二节　华西村发展的奥秘

没有集体经济支撑，华西村的集中决策机制难以建立，吴仁宝追求的共同富裕与宏伟设想也就难以实现……

没有吴仁宝，就没有今天的华西村

在分析华西村的发展奥秘时，我们无法绕过吴仁宝这个带头人，甚至可以这样说，没有吴仁宝，就没有今天的华西村。而吴仁宝能建设好华西村，一个重要的内在原因是，他不仅具有强烈的脱贫致富的决心与毅力，还有着常人所不具备的独到和敏锐的商业眼光，他更像一个顶级的商业天才。

吴仁宝曾说："我是穷过来的，看到有人穷我就心疼，最大的心愿就是让穷人过好日子，这是我的原动力。任何时候，我都坚信一点，共产党是要为人民谋幸福的。什么是社会主义？人民幸福就是社会主义。"[①] 有这样的思想觉悟的企业家确实很少见，他已远远超过追求商业利益与自我满足的一般企业家。

很显然，吴仁宝与大多数企业家一样，都过怕了穷日子，一心想带领农民致富。但不同的是，他坚持走共同富裕的道路，坚持走集体经济路线，他和南街村的王宏斌一样有着共同的集体主义信仰。

比如他在日记中写道："我要始终做到'三不'：不拿全村最高工资、不拿全村最高奖金、不住全村最好的房子。""见到荣誉就让，见到困难就

---

① 吴仁宝［EB/OL］（2018-10-16）［2021-08-15］. https：//news. 12371. cn/2018/10/16/ARTI1539650602362552. shtml.

上，只要明富，不要暗富，明的少拿，暗的不拿。""只要心脏不停，就要脚步不停、脑子不停、事业不停、为人民服务的思想不停。"……

在由光明日报出版社出版的《吴仁宝箴言》一书中，吴仁宝在谈到"信仰"时说："一个人要有信仰，我就信仰共产党，信仰马克思主义，我一直没有动摇信仰。如果说我动摇了，也可能就没有今天的华西。我最满意、最看重的是先进共产党员的这个奖励。"

同样，在华西村村口的一块大牌子上，写着吴仁宝的名言："家有黄金数吨，一天也只能吃三顿；豪华房子独占鳌头，一人也只占一个床位。"吴仁宝说："实现社会主义和共产主义是我们共产党人坚定不移的理想，我们一生都可能不会实现，但我们一生都可以去实践。"

吴仁宝和南街村的王宏斌有一个共同的特点，那就是把实现共同富裕作为自己奋斗的目标和信仰，这种精神是难能可贵的，它已经远远超出办企业等商业范畴。这种精神也只有在共产党、马列主义、毛泽东思想等革命体系中才能找到，而这种信仰所产生的力量却是无穷的，尤其是在带领人民群众脱贫致富中这种力量更是巨大。

人是需要精神的；没有精神力量的支撑，人往往很容易被困难打败。但一个人只有精神力量也是不够的，还要懂得抬头看路，懂得做正确的事，要懂得遵循事物发展的内在规律，这样才能在关键时候把握发展机遇。吴仁宝就具备这两个特点，他不仅有强烈的共产主义信仰，也就是他的原动力，他还能在时代变革中把握正确的方向，抓住机遇。在这一点上，他更像一个顶级的商业天才，能看到别人看不到的商机，同时也能觉察到潜在的危机，在恰当的时候急流勇退。他不但有远见卓识，而且还很有胆略。

比如，当年邓小平南方谈话文件发布后的第二天，吴仁宝预测国内将掀起建设热潮，于是决定大量囤积原材料。华西村疯买上万吨钢坯、上千吨铝锭，3个月价格就翻了3番，赚了上亿元。同样在1979年，正当全国推行家庭联产承包责任制的时候，吴仁宝提出了一个调整产业结构的方案：全村 500 多亩土地交由 30 多名种田能手集体承包，全村 95% 以上的劳动力投入工业生产。1980 年，华西村的工农业总产值突破 1 亿元，成为江苏省第一个"亿元村"。

我们不难看出，华西村成就了吴仁宝，但没有吴仁宝，也就没有今天的华西村。

少分配、多积累，少拿现金、多入股

公平与效率始终是当前甚至未来一个极为重要的社会问题，而财富分配恰恰又是这个问题的关键所在，尤其是对于集体经济而言，财富分配显得异常重要而敏感。

伴随华西村经济高速发展而来的是巨大的财富增长，而财富分配公平与否会直接影响整个华西村和所有华西人。要将财富公平合理地分配到各村民的手中，同时又不会影响华西村的发展与团结，便需要一个很高明的分配制度。那么，华西村是如何做到的呢？

华西村一直坚持"少分配、多积累，少拿现金、多入股"这样一个原则。

从 20 世纪 80 年代开始，吴仁宝就创立了一种叫"二八开"和"一三三三"的华西村分配方式。所谓"二八开"，是指企业完成集团公司年初制定的目标后超额盈利的部分，20% 留在企业投入再生产，80% 用作奖金分配；奖金分配遵循"一三三三"原则，即 10% 奖励厂长，30% 奖励厂经营班子，30% 奖励职工，结余的 30% 留在企业作为公共积累。

与之相适应的，是建立"股金"积累制度。作为集体经济的一员，华西村村民都有一块"硬牌牌"，也就是他们的股金。尽管他们每个月在华西村的收入只有两三千元，但重要的是年底的奖金。奖金通常是工资的 3 倍，但并不发给职工，而是作为股金投入企业，第二年开始按股分红，时间越久，股金分红越多。

华西村最初实行的是配额制，车子、房子都统一发放到村民手中，房子按人口分配，每户分到楼上楼下 2~4 间房。1988 年开始，华西村村民分年分批住进了价值不同的别墅式住宅，价格为 12 万~50 万元。随着集体资产的膨胀，华西村人渐渐地脱离了消费配额的限制，他们逐渐有了在外用现金消费的自由。比如随着华西村在江阴市区等附近地段的房地产开发，华西中心村的村民甚至可以用"股金"去江阴买房子。只要你的股金够多，你就可以买房买车，买多少也没人管你。显然，这种分配制度比南街村的"工资+供给"分配制要自由很多，也更人性化。

通过这种特殊的分配制度，华西村把分配到个人手上的大量经济剩余又重新投入了生产。这不仅增加了积累和投资，更为重要的是控制了个人可支配财产的无限增长，从而在一定程度上解决了收入差距扩大问题，即公平问题。

比如华西村有多家上市公司，涉及钢铁、纺织、旅游等行业，每年创造的上百亿元的产值原则上属于华西村全体村民共有。但是按照村里的分配制度，每位华西村村民除了能以现金的形式领取自己的工资和一部分奖金之外，其余部分都将以入股的形式投入华西集团的再生产中。

但有一点不同，华西村这种"股金"制度并非现代意义上的股权制度，因为它有着严苛的村规民约；它与纯市场经济的股份制也不同，在华西村村民的股份无法抽回，它只是集体财富，村民很富有，但并不是拥有多少现金的富有，而是拥有多少资产的富有。

为什么要这样设定呢？一方面是为了促进公司扩大再生产，另一方面也是为了保护村民的权利。按照吴仁宝的说法，如果村民手里钱太多就会乱花，虽然很富有，但要富得健康。钱放在家里容易闹矛盾，比如亲戚朋友借钱、夫妻之间闹离婚等，转变为资产还可以升值，这是在保护村民的权利。

虽然这样说有一定道理，但这种分配制度更多是强化了"生于斯，长于斯"的地域经济壁垒，而现代经济是一个资源要素不断开放、流动的竞争体系，这显然就像一个世代继承的资产，它只能停留在华西村这样的封闭圈子里面，你走不出去，别人也进不来。但是这种分配制度在早期大干快上的集体经济中效果非常显著，它成为实现集体共同富裕但又兼顾个人需求的一种独特的分配制度，它不仅兼顾个人与集体，避免了过去吃"大锅饭"的低效率，同时也解决了财富剧增导致的公平问题。在这一点上，吴仁宝显然要胜过王宏斌。

发挥集体经济的优势，把"小华西"建设成"大华西"

为什么说华西村无法复制？为什么那么多地方学习华西村模式鲜有成功的？华西村的成功除了吴仁宝这个带头人，集体经济自身的优越性在某个阶段确实有它的优越之处。在华西村这主要体现在两个方面：一是发展农业生产，二是工业规模扩张。华西村把后者发挥到了极致。

自 2001 年起，吴仁宝与华西人创造了"一分五统"的帮带周边 20 个村共同发展致富的新体制、新机制。"一分"是指：他们成功吸纳周边 20 个经济薄弱村，被吸纳村子的村委会仍由原村村民选举，实行村民自治。"五统"是指：别的村加入华西村后，经济由华西村统一管理，劳动力统一安排就业，福利统一发放，干部统一使用，村镇建设统一规划。

实行"一分五统"并村政策的过程中，华西村面积由原先的 0.96 平方千米扩大到目前的 35 平方千米，人口则由原先的 2 000 名中心村民，扩展为 2 万多人。华西村合并了周边 20 个村，将其分别编为华西 1 村至 13 村，加上 3.5 万多在华西村的外来务工人员，华西村的人口初具县级市的规模。

吴仁宝解释说，华西村实行"一分五统"政策的目的就是让老百姓都过上"基本生活包，老残有依靠，优教不忘小，三守促勤劳，生活环境好，小康步步高"的幸福生活，通过"小华西"建设"大华西"。

"一分五统"政策让华西村有了扩大工业规模的基础和空间，也大大加快了华西村发展的速度。之后华西集团展开了多元化新布局：2003 年投资仓储物流，2005 年进军金融领域，2008 年投资海运和海洋工程装备，2011 年涉足矿产资源，2012 年做农产品批发……

如今，华西村成立了江苏华西实业总公司，已拥有 48 家企业，其中 10 家是中外合资企业，形成了铝型材、钢材、铜型材、带管、纺织、化工 6 大生产系列 43 个生产门类 1 000 多个品种，华西村工业发展的前景非常广阔。根据华西集团 2018 年三季报，截至第三季度末，华西村总资产为 547.26 亿元。

从华西村的发展可以看出，走集体经济道路是华西村取得成功的前提。那么，集体经济的优越性到底体现在哪里？

首先，集体经济最大的特点是能够快速地把资源调动起来，通过"人多力量大"把"不能"变成可能。没有集体经济支撑，华西村的集中决策机制难以建立，吴仁宝追求的共同富裕与宏伟构想也就难以实现。他们也正是通过建立集体经济组织，将各种分散的资源尤其是土地资源，很快集中起来，使其能够在产业化扩张中起到应有的作用。在"时间就是金钱，效率就是生命"的改革浪潮中，华西村利用集体经济的资源（土地、劳动力）优势，快速抓住了改革的机遇，走在了时代的前列。

其次，集体经济能够把人的动力很好地调动起来。如果没有吴仁宝对共产主义的信仰，没有他追求共同富裕的目标和带领大家脱贫致富的决心，那么就很难形成同呼吸共命运的集体经济组织。显然，集体经济因为共同的利益追求让大家的心贴得更紧，这一点，无论是南街村还是华西村都体现得淋漓尽致。

最后，集体经济建立在集体共同利益之上，有利于财富公平公正分配。集体经济由于建立在共同利益之上，在对集体成员的利益兼顾上显然要比私有经济更具有优越性，尤其是在财富分配上更能体现其公平性。比如在2004年的时候，华西村村民的人均工资收入就已经达到了12.26万元，相当于全国农民的41.76倍，相当于城镇居民的13.01倍，每户村民的存款最低的也有100万元。基本上每家每户都是富豪，住着两层小别墅，开着小轿车，全村实现小康。

我们设想一下，假如华西村是一家私有企业，吴仁宝是民营企业家，那么华西村的村民是否依然可以享受到这般的"共富"待遇呢？答案不言而喻。这也是华西村的集体经济路线能得到当地村民的拥护、政府的支持尤其是党中央的认可的原因。

中国是一个农业人口众多的国家，资源分布不均，地区差异明显，东部沿海地区的经济发达，而中西部地区还比较落后，发展不平衡不充分，这就注定了贫富差距的存在。

如果"华西村模式"可以借鉴、复制，那么中国的"三农"问题就不再是问题。但是，"华西村模式"真的可以复制吗？答案是否定的。

第三节 为什么"华西村模式"无法复制？

集体经济需要保持思想步调的一致性，更要通过机制来保持内部经济创新的活力；既要保障个体的权利与自由，也要确保集体民主决策的一致。

华西村无疑是中国农村集体经济发展的一面旗帜。相比南街村，无论是在成就、规模还是可持续发展上，华西村的成功都更具有可借鉴性。然而，令人不解的是，为何华西村只能成为一支独放异彩的"奇葩"而没有在中华大地遍地开花？为何"华西村模式"偏偏无法复制？我们在深入剖析华西村的成功之道时发现，华西村的成功有其内在的局限性。这主要体现在三个方面。

一、华西村的成功离不开吴仁宝共同富裕的信仰，更离不开时代的发展机遇

历史也再一次验证，火车跑得快，全靠车头带，如果没有王宏斌、没有吴仁宝，就没有今天的南街村、华西村。诚然，在社会发展进程中有时个人的作用是巨大的，但是，只有超凡才能的英雄也是不够的，无论是王宏斌的远见卓识，还是吴仁宝的审时度势，都不过是一时辉煌，最重要的是他们提出了为实现共同富裕矢志不渝的奋斗目标和信仰，正是这种目标和信仰才使得华西村人持久地团结一致，奋勇向前。

吴仁宝说："个人富了不算富，集体富了才算富；一村富了不算富，全国富了才算富。"他把实现共同富裕作为奋斗目标，把追求集体利益作为理想与信仰，这才有了今天的华西村。这也是为什么吴仁宝去世时其子吴协

恩说"虽然吴仁宝去世，但华西精神永存"。

在很多人看来，人多力量大是集体经济的优越性，但我们仔细分析发现，并非每一个集体组织都是高产的，当年人民公社下的"大锅饭"不就失败了吗？越集体越贫穷。所以，搞集体经济除了要有心往一处使的集体信仰之外，更需要产业发展的支撑，否则就成了"喊口号"式的集体运动，成了水中月镜中花，成了空想主义，而恰恰如何发展和壮大集体经济才是华西村成败的关键。

我们可以看出，华西村的集体经济发展路线是先发展农业，通过对农业生产资源的整合，进行规模化生产来提高农业的生产效益，然后抓住改革开放赋予的时代机遇，利用集体经济的土地、人力等资源优势快速发展工业，从而像滚雪球一般不断壮大集体经济。

在产业发展上，华西村离不开极具商业眼光的村"掌舵人"，尤其是发展初期的吴仁宝。与王宏斌不同的是，吴仁宝更懂经济，更懂政治，所以他在每次重大机遇出现时都能牢牢把握，在每次危机到来之前都能化险为夷。同样，他也不会犯王宏斌所犯的低级错误——搞"永动机"项目，这也注定了华西村的发展要超越南街村。

但是，由于这种特殊的发展阶段、特殊的市场环境和特殊的"掌舵人"，也就注定了只有一个华西村、一个南街村，它们可以成为中国数万村集体学习的榜样，但却无人能造就数万个新的"华西村"和"南街村"。

二、从"吴式"管理到现代企业制度，集体经济的
产权制度改革

从华西村的发展历程来看，每一次重大决策都是在吴仁宝强而有力的推动之下完成的。吴仁宝于 1957 年担任华墅乡第 23 高级社党支部书记，具

有极高的威望，稳坐华西村 50 多年。

但华西村集权决策机制随着吴仁宝的离去，随着社会的发展和进步不得不面临新的改变和调整。有研究指出，自 1995 年起，吴仁宝的子女及家族成员共 11 人进入华西村领导岗位。从目前华西村的村党委成员可以看出，41 名党委副书记中，以吴仁宝为核心的家族成员占据了 20 多人。而华西集团 8 大公司负责人中，除了杨永昌是外来人员，其余都是吴仁宝的嫡系近亲①。

很显然，华西村的决策机制不得不从集权走向现代民主集中制，否则就会演变成家族式的治理结构，更像是一个雄踞一方的家族企业。在华西村，吴仁宝集三个身份于一身——他既是最高决策者，又是发展经济的能手，同时也是所有村民的权威代表、民意代表。显然，这跟集体主义的信仰和共同富裕的初衷是不相吻合的，也脱离了现代企业的治理要求以及新时代集体经济的基本内涵。

所以，如果没有一个先进的指导思想和治理体系，集体经济组织的治理结构很容易走向政治化、集权化甚至家族化，无论是吴仁宝还是王宏斌都免不了走向以自我为中心的集权管理体系。集体经济需要集中化，但却不是集权化，而在不少农村地区集体经济组织很容易演变为宗族势力主导的集团组织，离现代民主、法治管理越来越远。

另外，集体经济组织下的民主集中制与政治民主集中制不能混为一谈，前者显然具有更高的难度，既要保持高效的民主决策，又不能破坏经济的自由发展，同时还要兼顾集体民意。所以，华西村不得不面临如何建立起现代集体产权治理结构的问题，不得不从过去的吴仁宝"拍板"时代走向现代民主与法治化，如果还陶醉于家族企业的荣耀不能自拔，最后必然会

---

① 赵佳月. 吴仁宝的"管理"学［EB/OL］.（2011－11－18）［2021－06－16］. http://news.sohu.com/20111118/n326115883. shtml.

让华西村走向衰落。

现代企业治理结构是一个开放、自由、竞争的市场化运行体系，当前信息社会高速发展，各种商业机会瞬息万变，华西村若不能建立起现代集体产权治理体系，人才进不来，资本、技术引不进，那么如何实现所谓的国际化？又如何延续华西村的辉煌呢？

据媒体报道，华西集团旗下共有 208 家公司，总资产为 541.93 亿元。截至 2016 年 3 月底，华西集团总负债为 389.07 亿元，资产负债率为68.78%。其中，计息负债 245.7 亿元①。截至 2017 年第三季度的报告显示，华西集团总负债为 387.42 亿元，总资产为 558.26 亿元，负债率超过69%②。到 2018 年 3 月末，华西集团负债总额依然达 393.32 亿元，资产负债率达 68.64%，其中有息负债为 284.86 亿元③。

就在 2021 年初，华西村出现"挤兑"现象，数百名村民冒雨排队兑付。有村民称，入股集团的分红从 30% 大减至 0.5%，虽然华西村党委发言人称华西村资金充足，兑付没问题，但还是引发了村民恐慌……如今天下第一村当年的辉煌盛况似乎已经不再。

华西村的高负债率并不意味着华西村失去了偿还债务的能力，或者说华西村遇到了经营危机，但至少说明华西村的经营存在一些问题，而这个问题显然不是一个小问题。

华西村的问题又是什么呢？华西村将面临二次改革，那就是农村集体产权的改革。所有的经营问题、决策问题、管理问题，均来自产权问题。

① 通红清芳含苞. 中国最富村到负债 389 亿！天下第一村华西村到底经历了什么？[EB/OL].（2018-02-06）[2021-06-16]. https://k.sina.com.cn/article_6426978939_17f13ea7b001004ca7.html.

② 盘和林. 昔日天下第一村负债 389 亿元 华西村到底发生了什么[EB/OL].（2017-12-20）[2021-06-16]. https://finance.qq.com/a/20171220/007486.htm.

③ 深蓝财经. 华西村挤兑风波背后：一个神话在远去[EB/OL].（2021-03-03）[2021-06-16]. http://www.mycaijing.com.cn/news/2021/03/03/467889.html.

集体经济的产权问题是什么？那就是如何让所有权、收益权、经营权分离。既要保持集体所有权的不动摇，同时又要放活经营权，保护农民收益权；既要保持民主集中的高效，又要保持经济发展的活力。而这背后没有对产权制度进行深度改革，是很难建立起优越的集体经济治理结构与现代企业管理制度的。

比如在经营权与所有权的分离上，如果华西村的经营依然由吴氏家族的内部人"把控"，不引进现代职业经理人，那么华西村的发展迟早会出问题。因为现代社会是一个开放、竞争的社会，华西村的发展不可能再停留在过去"一亩三分地"上走马圈地，过去"听新闻联播就能赚钱"的时代早已一去不复返。

所以，随着社会的发展与进步，尤其是在当今信息化时代，无论是国有企业、集体企业还是私有企业都需要与时俱进，建立与之相适应的现代产权治理结构与管理制度。从这个意义上讲，华西村不仅要谋求产业的转型升级，更要从"能人经济"向现代法人治理转型，这也是华西村实现二次跨越的必由之路。

精神信仰可以复制，理想目标也能复制，但建立在集体经济之上的"吴氏"能人治理体制却难以复制，这也是华西村的最大问题。

三、从吴仁宝时代，走向中国特色现代产权治理体系的新时代

无论是小岗村、南街村还是华西村，无论是分田到户的"包干制"还是按需分配的集体经济，都将面临一个同样的问题，那就是如何建立公平的财富分配机制，实现共同富裕——这是我国社会主义的本质要求。很显然，南街村走了一条绝对的按需分配道路，完全按照共产主义的分配模式，

将个人的所有权归公，实行"工资+供给"的分配制度，村民的住房、生活、教育、医疗等费用全由村里承担。

这种分配方式显然还为时过早，它只有在高度发达的社会主义社会才有条件满足，否则资源的有限必然会带来需求分配的不足，必然会产生僧多粥少的问题。这也是为什么在南街村发展的后期，尤其是当经济发展受阻时，一系列社会问题就会滋生。正如分蛋糕一样，当蛋糕不够大时，分配机制高度集权，又缺乏公开透明的监督机制，最后必然会产生权力寻租的腐败问题，导致民心不稳。

华西村虽然在分配制度上有所改善，采取"少分配、多积累，少拿现金、多入股"的分配原则，在一定程度上给予个体财富支配自由，但这种高度集中的决策机制往往很容易演变成家长式的集权机制，个体在集体面前缺乏发言权，始终无法形成现代意义上的产权概念。不从产权上解决民主集中与组织治理问题，也就无法解决持续发展的问题。所以，吴仁宝的"理想"能否持续下去，华西村的辉煌还能持续多久，还得打一个问号。

发展集体经济需要一个人心所向的价值理念，这就是为什么无论是王宏斌还是吴仁宝，都不约而同地选择将实现共同富裕作为其发展的指导方针。"一心为民，追求共同富裕"是吴仁宝理念的精髓，吴仁宝有个"三不"：不拿全村最高工资、不拿全村最高奖金、不住全村最好的房子。"三不"形成了一股深厚的内力，让全村心往一处想、劲往一处使，也让华西村成为中国第一个"电话村""空调村""汽车村""别墅村"，最终享有了"天下第一村"的美誉。

华西村接班人吴协恩把这种精神当作自己首先要继承的"根本"。他表示，华西村追求的不只是"百亿""百强"，更追求优秀的"百年企业"和幸福的"百年村庄"，这就是华西村的"中国梦"①。

但随着吴仁宝的离去，这种价值理念能否持久地传递下去，不是取决于吴协恩个人，而是取决于华西村的民主集中决策机制，以及公平的利益分配制度。集体经济需要保持思想步调的一致性，更重要的是通过机制来保持内部经济创新的活力；既要保障个体的权利与自由，也要确保集体民主决策的一致。

有人说，华西村的崛起靠的是工业，而华西村工业的成功离不开吴仁宝这位企业家，这就注定了华西村的成功无法复制。其实这只说对了一半，更重要的是华西村如何在现代民主、法治、公平、正义的新时代下，走符合中国农村特色的集体经济发展之路。

显然，华西村过去40多年更多是吴仁宝的个人时代，他带领农民走出了一条共同富裕的道路。但在未来40年，华西村如何从吴仁宝时代走向中国特色的现代产权治理体系的集体经济道路，直接关系到"中国首富村"的前途与命运。

那么，什么才是新时代中国特色集体经济发展之路呢？

党的十九大报告提出，明确新时代我国社会主要矛盾是人民日益增长的美好生活需要和不平衡不充分的发展之间的矛盾，必须坚持以人民为中心的发展思想，不断促进人的全面发展、全体人民共同富裕。

显然，这对村级集体经济的发展提出了更高的要求。村级集体经济是农村重要的经济组成部分，发展壮大村级集体经济，是改变农村贫困落后面貌、缩小贫富差距、解决城乡发展不平衡和农村发展不充分矛盾的重要途径。所以，发展和壮大集体经济不再是打造一个"华西王国"，也不仅仅

---

① 瞿长福，乔金亮. 华西村党委书记、华西集团董事长吴协恩：三个角色领军"百年村庄"[EB/OL].（2017 - 06 - 01）[2021 - 06 - 16]. http://www.cankaoxiaoxi.com/finance/20170601/2067504.shtml.

是为华西人服务，而是要冲破华西村的"城墙"，让更多的人享受华西村的发展成果，让更多人参与进来共同建设大华西。

因此，如何在新时代走中国特色的集体经济发展道路？

首先，要以人民利益为中心，深化集体产权制度，对集体资产进行股份权能改革，赋予农民更多财产权利。同时要明晰产权归属，完善各项权能，激活农村各类生产要素资源，建立符合市场经济要求的农村集体经济运营新机制。也就是要紧紧围绕人民的利益，通过对集体产权进行改革，一方面让生产要素资源更好地流动起来，推动集体经济的发展；另一方面要让更多人享受集体经济的发展成果。

其次，发展和壮大集体经济，不仅仅是以经济建设为中心，还要贯彻创新、协调、绿色、开放、共享的新发展理念，加快推进农业农村现代化。过去我们的唯一目标是脱贫致富，现在不能光看农民口袋里票子有多少，还要看农民精神风貌怎么样，乡村治理、文化振兴、生态文明建设等都是新时代的重大课题。因此，发展集体经济要以实现社会共同利益和整体利益为出发点，实现经济、社会、生态的共赢。尤其是在解决我国当前社会的主要矛盾、缩小城乡差距和贫富差距上，集体经济有着不可推卸的责任和义务，这也是新时代对集体经济的根本要求。

最后，新时代发展集体经济要把握好集体组织的"有形之手"和市场的"无形之手"的关系，要充分发挥市场的决定性作用，更好地发挥政府的统筹作用，处理好"统""分"之间的关系，才能把集体经济搞活。这也是中国特色集体经济道路最重要的特色。

所以，华西村带头人虽然带领村民致富了，但是离新时代中国特色集体经济道路的要求显然还有很长的路要走。2017年，"华西二代"吴协恩出席党的十九大时表示："作为华西人，我们要深刻领会新时代到来的意义，这是我们的新机遇。"他还介绍说华西村正大力推进"三项改革"——用人改革、制度改革、股份改革，让所有华西人，无论是当地的还是外来的，没有内外之分，彰显公平公正，激发所有人的积极性和创造性[1]。

无论是王宏斌还是吴仁宝，他们都对中国农村集体经济的发展做出了巨大的贡献，他们的大公无私、一心为民、追求共同富裕的精神与信仰，无疑值得我们每一位干部学习。毛泽东、邓小平等也对华西村做了高度评价，华西村是全国农村走共同富裕道路的典型。

然而，历史总是耐人寻味，也总是出人意料。2014 年，在位于贵州省西部蒙山腹地的六盘水，掀起了一场农村产权制度改革的浪潮，并连续三年写入中央一号文件，在全国范围内加以推广。

与南街村、华西村等自下而上的改革不同，六盘水的改革是一场自上而下的由中央主导、引领、推动的产权改革。在这里，没有南街村般的传奇，也没有华西村式的奇迹，但是这一改革却获得了空前的成功和人民群众的拥护。

那么，六盘水到底进行了一场什么样的改革，能够得到中央如此高调的肯定，以至于上升到了国家战略层面？我们相信，如果吴仁宝同志还健在的话，他一定很想知道，为什么中央会选择六盘水而不是华西村……

---

[1]　对话吴协恩：把华西村打造成真正的"农村都市"［EB/OL］.（2017－12－07）［2021－06－16］. http://www.xinhuanet.com//2017-12/07/c_1122072371. htm.

第四章 六盘水的"三变"
——农村集体产权制度改革的破冰

发端于贵州省六盘水的"三变"改革，连续三年写入中央一号文件，在这样一个被誉为"江南煤都"的大西南腹地，究竟发起了一场什么样的改革，能够引起中央如此高调的肯定……

第一节 "江南煤都"的产权改革之路

与南街村、华西村等自下而上的改革不同，六盘水的改革是一场自上而下的产权制度改革，由政府主导、引领、推动完成……

农村改革总是充满了时代的期盼，总是牵动着亿万人的神经，尤其在中国这样的农业人口大国，它更是牵涉数亿农民的生存与命运……

土地是农民的立身之本，是农民生存权益最重要的体现。为此，关于土地等资源的产权改革，一直以来都是农村之重心、社会之焦点、民生之热议。

在距离"中国首富村"华西村近2 000千米、位于贵州省西部乌蒙山腹地的六盘水——一个处于大西南的煤都重镇，在2014年掀起了一场农村产权制度改革的浪潮，被称为六盘水"三变"改革。显然，这次改革并非一般意义上的改革，它已成为农村集体产权制度改革的标杆和样本，直接影响甚至决定着中国农村集体经济改革发展的方向。那么，六盘水到底掀起了一场怎样的改革？

六盘水"三变"：自上而下的农村集体产权制度改革

与南街村、华西村自下而上的改革不同，六盘水的改革是一场自上而下的产权制度改革，它是由政府主导、引领、推动完成的。在很多人看来，这种以政府主导的、带有浓厚行政色彩的"计划经济"一直并不被看好，甚至被认为是市场经济的倒退。但在经历三年多的实践探索后，六盘水的"三变"改革取得了显著成效，产业快速发展起来，农民的收入空前提高，农村建设也得到了实质性的改变，并连续三年写入中央一号文件，受到了中央的高度肯定和大力宣扬，成为脱贫攻坚、产业革命、乡村振兴的样板。

那么，我们不禁要问："六盘水的'三变'究竟是一场什么样的改革？为何能得到中央如此肯定和宣扬？为何这场具有时代意义的农村改革会发生在六盘水？"

地处贵州西部乌蒙山脉深处的六盘水，是一座"三线"建设时期发展起来的煤炭工业城市。1964 年，根据中共中央工作会议精神，国家计委和煤炭工业部经过调查对比，决定在贵州西部煤藏丰富的六枝、盘县（今贵州省盘州市）、水城三县境内建立煤炭基地，"六盘水"这个组合性的专名由此而得。接着六枝、盘县、水城三个矿区（后改特区）作为煤炭基地相继成立。

1992 年，时任中共中央政治局常委宋平到六盘水市视察，对六盘水市改革开放和经济建设做重要指示，并为六盘水市题词"江南煤都"，因此，六盘水也成了我国长江以南最大的煤炭工业基地之一。

六盘水地处贵州省边远贫困山区，人多地少，耕地资源相对短缺。六盘水虽然是煤炭资源重镇，但由于工业结构单一和失调，农业的增长大大落后于工业，农民收入增速大大落后于居民收入，使得城乡收入差距不断扩大，从 1982 年的 2.93 倍扩大到 2011 年的 3.69 倍①。

与大部分中国山区农业一样，六盘水的农村集体经济十分薄弱，"空壳村"大量存在，农村资源闲置、农民老龄化等问题日益突出。按照 2 300 元的贫困标准，2011 年全市农村贫困人口为 97.52 万人，贫困发生率高达38.30%。在"三变"之前，六盘水市的农业产业在贵州省排倒数第一，城乡二元结构长期存在、城乡差距大、发展不平衡不充分问题表现尤为突出。

这样一个资源导向的地区，具有天然的地域资源优势，按照以往因地制宜的原则，应该走新兴能源型发展路线。但为何大盘水选择了一条不占优势的农业创新之路并且还取得了显著的成效？

反过来，如果在这样一个农业资源贫乏的山区进行"三变"改革获得了成功，那么对于中国众多的山区农村来说这就是一个极好的启示，它打破了中国小农经济发展的桎梏，破解了山区农业发展的难题。

一直以来，在中国农村改革取得成功的案例中，无论是南街村、华西村还是中国其他名村，大部分是在特殊阶段、特殊环境、特殊资源优势下抓住机遇获得成功的，具有很大的局限性与偶然性，很难在全国范围内进行推广。

六盘水的改革与以往南街村、华西村自下而上由"领路人"组织、推动和实施的产业改革不同，它是一场自上而下由政府主导的农村集体产权制度的改革。它既没有像小岗村那样通过分田到户来调动农民积极性，也没有跟从南街村、华西村依靠集体经济的优势走村办企业的道路，而是在村集体经济的背景下，通过"三变"将资源变资产、资金变股金、农民变股东，从而盘活农村分散闲置资源、壮大村集体经济、增加农民财产性收入，它实质上是一场符合中国农村特色的集体产权制度改革。

---

① 伍应德. 六盘水市城乡收入差距问题及对策思考 [J]. 经济研究导刊，2012 (34)：141-142.

"资源变资产、资金变股金、农民变股东"

按照六盘水市"三变"改革办副主任王奇兵的说法，资源变资产，就是村集体将集体土地、林地、水域等自然资源要素，通过入股等方式加以盘活①。

中国幅员辽阔，人口众多，但现行农村地区大多地广人稀、居住分散。农村资源虽然丰富，但这些资源基本上长期处于"沉睡"状态。发展农村经济的关键就是要把这些"沉睡"的资源激活。通过资源入股的方式，将村集体资源作价入股新型农业经营主体，比如龙头企业、合作社、农村等，使村集体经济组织和农民拥有法人经济实体的股权，按股权比例获得收益。只有这样才能盘活农村分散闲置资源，壮大村集体经济，增加农民财产性收入。

用一句最简明的话概述，就是将农村的可利用资源入股经营变成可持续收益的资产。过去是通过"包产到户"的方式将农村资产的经营权归还给农民，现在最大的不同是还权于民，这个权的核心不是经营权，而是收益权，即让资源变成农民可持续收益的经营性资产，而不是一次性买断的"承包"模式。

比如，六盘水有个千年古银杏村落，叫妥乐村，那里有 1 415 棵古银杏树，通过"三变"改革，村子打造成了旅游景区。这些古银杏树入股到了旅游公司，农民既能获得门票分红，又能出售银杏果增收，还可以在家门口打工，这样农民就不愿意外出打工了，还会主动保护好这些银杏树。相应地，其他自然资源要素如集体土地、林地、水域等，都可以通过入股等方式盘活，实现资源变资产。

通过入股的方式让农民成为股东有两个重要的优势。首先，"入股"经

---

① 向婧. 农村"三变"改革如何搞——贵州六盘水专家来渝传经 [N/OL]. 重庆日报，2017-10-12 [2021-06-16]. https://www.cqrb.cn/html/cqrb/2017-10/12/005/content_182257.htm.

营模式让资源变成了企业的资产，实现了规模化经营，其产出效益必然要胜于农民各自为政的"小农"模式。其次，"入股"模式通过共同的利益大大降低了产业的经营成本。这就如同一家公司，当所有参与者都成为股东时，工作积极性一定会提高，凝聚力一定会增强，管理成本也会因此下降。

什么是资金变股金呢？资金变股金，就是在不改变资金使用性质及用途的前提下，将各级财政投入到农村的发展类、扶持类资金作为村集体或农民持有的股金投入到各类经营主体中，并按投入比例享有股份权利。

过去我们对农业扶持主要是通过农业财政资金的投入，比如农业生产资金、基础设施资金、科研推广资金等，但这些都属于"输血"式投入，缺乏"造血"式功能。就如同扶贫一样，帮扶式的扶贫永远解决不了内在问题，扶贫要扶志，授之以鱼不如授之以渔，产业扶贫才是根本。资金变股金就是把政策扶持资金变成生产经营性资金、产业资金，通过推动产业的发展来解决农民获得可持续收入的问题。

比如，六枝特区落别乡抵耳村，2014 年年底将财政壮大村集体经济的资金 100 万元入股到某农业科技有限公司，种植高标准茶叶。在项目建设的前 3 年，每年保底分红 8 万元，自第 4 年起，每年在上年向村集体分红的基数上递增 1 万元，最高至 15 万元。村集体所得收益按照 4∶6 的比例进行再分配，40% 用于村集体发展壮大集体经济，60% 用于扶助本村贫困人口，直至整村脱贫。

同样，农民变股东，就是农民自愿将个人的资源、资产、资金、技术等入股到经营主体从而成为股东并参与分红。比如当地有个农民，她把家里的承包地"入股"某农业发展有限公司种植猕猴桃，除每年固定领到 1 800 多元的土地入股红利外，猕猴桃达产后，还可以与其他入股农民一道按照 30% 的比例参与分红，她从农民变成了"新股民"。

事实上，中国的农村资源分散、农民分散、资金分散，这"三散"已经成为阻碍农村尤其是中西部农村发展的瓶颈。六盘水通过"三变"把资源、资金、农民集中起来,让传统的小农有了走向规模农业的基础,通过规模化降低单个农户生产成本,实现了政府主导、企业经营、农民参与的新型农村发展模式。由此可见,六盘水的改革也确实走出了一条有别于东部、不同于西部的农村集体产权制度改革新路,并取得了实质性的成效。

"三变"改革前,六盘水市农村集体经济十分薄弱,严重制约了村集体对村民的服务能力。通过实施"三变"改革,农村集体将所拥有的资源入股新型农业经营主体,盘活了农村集体资源,村集体通过股权收益新增村集体经济收入 8 856.3 万元,全市"空壳村"占比由"三变"改革前的 53.8% 下降到 2014 年的 15.3%,到 2015 年全市 413 个集体经济"空壳村"全部消除,村集体积累平均达到 23.8 万元①。

在充分尊重农民意愿的基础上,将农民家庭或个人拥有的资源、资产、资金、技术等入股新型农业经营主体,使农民家庭或个人参与企业分红,促进了农民收入增长。在"三变"改革的带动下,全市农民人均可支配收入从 2013 年的 6 015 元增长到 2016 年的 8 267 元,年均增速保持在 10% 以上,共减少 55.87 万贫困人口②。

"三变"改革在试点成功的基础上,2014 年开始在六盘水市全面推开。2016 年年初贵州省委办公厅、省政府办公厅下发了《关于在全省开展农村资源变资产资金变股金农民变股东改革试点工作方案(试行)》,在全省开展农村"三变"改革试点。2016 年年底全省有 21 个县 140 个乡镇 1 256 个村开展"三变"改革试点。2017 年 2 月发布的中央一号文件,明确将贵州

① "三变"改革 [N/OL]. 贵州日报, 2017-01-10 [2021-06-16]. http://szb.gzrbs.com.cn/gzrb/gzrb/rb/20170110/Articel11003JQ.htm.
② 王永平, 周丕东. 农村产权制度改革的创新探索——基于六盘水农村"三变"改革实践调研 [J]. 农业经济问题, 2018 (1): 27-35.

"三变"改革经验作为深化农村集体产权制度改革的鼓励性政策向全国推广，"三变"改革的效应正在逐步扩大。

贵州省六盘水市的"资源变资产、资金变股金、农民变股东"农村"三变"改革，在农村产权制度改革中取得了明显成效。"三变"改革的成功经验引起了各方关注，尤其是受到中央领导的高度重视。2015 年 11 月习近平总书记在中央扶贫开发工作会议上强调指出："要通过改革创新，让贫困地区的土地、劳动力、资产、自然风光等要素活起来，让资源变资产、资金变股金、农民变股东，让绿水青山变金山银山，带动贫困人口增收。"①

2017 年中央一号文件明确提出："从实际出发探索发展集体经济有效途径，鼓励地方开展资源变资产、资金变股金、农民变股东等改革，增强集体经济发展活力和实力。"农村"三变"改革的"贵州经验"为全国深化农村产权制度改革提供了借鉴。

截至 2018 年年底，六盘水共有 197.19 万亩承包地、40.8 万亩集体土地入股，整合 114.02 亿元资金参与"三变"改革，54.74 万户农户入股变为股东，入股受益农民人数达到 181.92 万。2018 年，该市 36.36 万户入股农户 118.76 万人获得分红，分红金额达 6.49 亿元，农户户均分红 1 785 元，贫困户户均分红 2 394 元②。

六盘水"三变"改革受到了党中央、国务院的充分肯定，六盘水被增补为全国农村改革试验区，主要承担农村"三变"改革试验任务，六盘水的"三变"改革从地方性探索实践上升为国家战略行动。

---

① 习近平. 习近平谈扶贫[EB/OL].（2018-08-29）[2021-06-16].http://www.12371.cn/2018/08/29/ARTI1535496112934300.shtml.
② 陈诗宗，刘定珲. 六盘水"三变"改革连续三年写入中央一号文件[EB/OL].（2019-02-21）[2021-06-16].http://www.guizhou.gov.cn/xwdt/jrgz/201902/t20190221_2263479.html.

第二节 六盘水"三变"改革的经济学原理

六盘水"三变"改革本质上是一场用"有形之手"来推动中国农业市场化、规模化与产业化的革命。

2017 年，时任中央党校副校长王东京同志率中央党校课题组对六盘水的"三变"改革做了调查。调查后王东京特意在《学习时报》上发表了《"三变"改革的学理解释》一文，从学理上来解释"三变"的原理。他在文中提出了一个核心观点："农民何以收入低？是农民不勤劳吗？都不是。原因是农民没有资产。过去地主比农民富，绝不是地主比农民勤劳，而是他们拥有土地，可取得资产性收入。"①

王东京这个观点很中肯。他提出的"三变"的核心是增加农民资产性收入，而增加农民资产性收入的前提就是让农民有资产，只有将资产确权给农民，资产才能变股金，农民才能变股东。

接着他又提出，让农民有资产并不等于有资产性收入，关键还得让农民的资产增值。比如农民有了土地，但土地并没有给农民带来多少回报，农民还是很穷，所以关键是怎么让土地增值。

六盘水的经验究竟是什么呢？政府以"平台公司"为支点，用 PPP 模式投资农村基础设施，无非是要提升农民资产的稀缺度；而推动规模经营，则是为了提高农民资产的当期收益。他还列举了一个例子，在百车河乡考察，水城县县长介绍说，当地农民的房子之前并不值钱，上一年通了公路，

---

① 王东京. 王东京："三变"改革的学理解释[EB/OL].（2017-08-25）[2021-06-16].http://www.rmlt.com.cn/2017/0825/492141.shtml.

农民在自己家开旅馆，一年后每平方米涨到了 3 000 元。过去一家一户种猕猴桃，8 分钱一斤卖不掉。现在土地入股实行"标准化"生产，每斤涨到 30 元却供不应求①。

六盘水的产权改革与市场交易费用

改革开放经历 40 年之后，中国的经济建设取得了举世瞩目的成就，但同时在农业、农村发展方面还存在如下几个问题：

一是二元结构下城乡差距越来越大。由于城市的发展速度远快于农村，在城市务工收入远高于在农村务农，农村人口不断涌向城市后，农业发展滞后，城乡产业发展的差距越来越大。

二是农村资源的闲置化、碎片化加剧。1978 年实行家庭联产承包责任制后，土地的承包权分给了农民，土地经营权以农户家庭为主体，土地资源变得分散了。加之改革开放后，数亿农民涌进城市务工，导致农村"空壳化"严重，青壮年劳动力外出，耕地等农村资源处于闲置甚至荒废状态。

三是工商资本对传统农业的改造大部分不成功。也就是通过引进工商业资本，按照市场化模式来发展农业，大部分以失败告终。为什么？因为目前中国传统农业还不具备商业化的条件，市场化要素与回报机制没有形成。比如某大型房地产企业曾投资 70 亿元进入粮油、乳业、畜牧等农业板块，大兴土木在内蒙古、黑龙江等地并购了 22 个生产基地，但仅两年之后，该企业便突然宣布以 27 亿元出售集团旗下矿泉水、粮油和乳制品的全部权益，完全回归地产主业。

这就是很多企业抱怨农业难做的原因——回报率低、周期长，加之对农业资源市场化改造的成本太大，导致很多工商企业满怀信心而来，失落而归。即便是像房地产这样资金雄厚的企业，投资在传统农业面前犹如沧

①　王东京. 王东京："三变"改革的学理解释［EB/OL］.（2017-08-25）［2021-06-16］.http://www.rmlt.com.cn/2017/0825/492141.shtml.

海一粟，杯水车薪，凭借其一己之力难以撼动中国传统农业之现状。

所以，"三农"问题不是一个纯经济问题，而是一个集农村发展、民生改善、基层稳定于一体的社会性问题，这个问题需要举全社会之力来加以解决，用单一的商业手段来解决这一社会性问题目前行不通。六盘水是如何做的呢？六盘水的"三变"改革就是对这一问题的探索与实践，同时也回答了以上三个问题。

世界上任何一个发达国家，农民占总人口的比例一定非常小，最多的不超过15%，最少的只有微不足道的3%。在美国、英国等高度发达国家只有2%左右，但是发达国家农业人口的人均产值很高。2020年我国总人口达到14.1亿人，约占全球总人口的18%；其中，农村居住人口为5.09亿人，占36.11%①。这个巨大的差距使得中国农业的现代化注定要走一条符合自身国情的中国特色道路。

要提高农民收入，就必须提高农业人均产值，这样农民的收入才能提高，城乡差距才会缩小。但是中国不能重走西方发达国家的道路，因为我们的耕地不像美国那样辽阔平坦，可以通过大型机械来实现规模化产出，进而提高农民的产值。我们的人口基数大，人均耕地面积仅约为1.4亩。一个美国农民可以养活155个美国人，一个德国农民可以养活60个德国人，一个中国农民只能养活4个中国人，怎能等量齐观？

既然中国农业问题脱离不了中国国情、中国特色，那就要用中国方案、中国路径来解决。六盘水的"三变"改革就是基于中国国情的一次农村产权制度改革，通过产权改革把农村资源集中起来，通过激活资源要素，让资源变成农民的资产，再通过资产的增值提高农民的收入。这也是六盘水的"三变"被称为农村产权改革的原因。

---

① 谢希瑶，姜琳，吴昊. 第七次全国人口普查数据结果十大看点［EB/OL］.（2021-05-11）［2021-08-15］. http://www.gov.cn/xinwen/2021-05/11/content_5605879. htm.

我们知道，中国传统农业是以家庭为单元的小农经济，丘陵地区多，平原少，居住不集中，导致农村资源过度分散。这些资源不限于耕地，还**有众多自然资源、文化资源，这些资源虽然有价值，但集中度不高，无法形成产业优势**。只有把这些资源整合起来，才能形成规模效益，发展成为**产业**，从而推动当地经济的发展。

所以，中国农业的规模化不是大型农场的机械化，而是将有价值的资源集中化、规模化、产业化，实现资产增值。

六盘水的"三变"改革就很好地体现了这一点。"三变"改革有效整合**各种资源要素**，激活了农村内生动力，推动农村经济规模化、组织化、市场化发展，促进了农业增效、农民增收、农村繁荣，受到中央高度肯定和大力推广，成为脱贫攻坚、产业革命、乡村振兴的"助推器"①。也只有通过**集中资源**，将资源转化为产业价值，才能实现农民增收。

怎么集中？集中资源是有成本的，用"有形之手"还是"无形之手"呢？过去集中资源最快、最有效的方式是走集体经济，走计划经济道路，把所有资源归公，统一规划，统一指令，统一执行。计划经济虽然效率高，但是却把市场机制消灭了。没有市场的调节，资源的价值就无法实现有效的供需对接；缺乏市价的引导，必然导致高昂的交易成本，社会生产力降低，最后就变成了吃"大锅饭"——这些历史早已证明。

六盘水的"三变"改革中，资源变资产是农村集体产权制度改革的一场深刻革命。多年以来，由于"分"得充分、"统"得不够的体制机制等原因，农村闲置和低效的资源长期处于"休眠"状态。六盘水改革发挥了统分结合的双层经营体制的优越性，积极推动产业平台建立，以农民宅基地、房屋、资金、技术等入股经营主体形成股权纽带，改变了过去以土地流转

---

① 六盘水"三变"改革现实意义和启示[EB/OL].（2019-10-30）[2021-08-15]. http://www.gzrd.gov.cn/llyt/27526.shtml.

为主的单一经营方式，通过产业规模化、组织化、市场化发展和股权合作方式，实现了农村改革由"裂变"向"聚变"转变，农业产业由"绿水青山"向"金山银山"转变，农民身份由职业"农民"向公司"股东"转变①。

六盘水改革最大的不同是用"计划"的方式实现资源的市场化配置，用行政的力量，尤其是党组织为主导来推动市场要素产业化。它准确把握改革与发展的关系，坚持党委领导、政府主导、市场运作，坚持发动群众、带领群众、组织群众，发挥农村基层党组织在产业革命中的战斗堡垒作用②。

过去我们总是在计划与市场之间争论不休，认为搞计划就搞不了市场，搞了市场更不能回过头去搞计划，将这两者视为水火不容。但实践证明，我们可以用"计划"的方式搞市场，用"有形之手"推动"无形之手"，进而推动产业与经济的发展。这一点被很多人忽视，他们认为市场就是市场经济，计划就是计划经济，不承认中国传统农业的特殊性，不考虑中国特色与国情，对现实中农业产业化高昂的交易费用更视而不见。

为什么要用"有形之手"推动农业资源的市场化?

中国农业的崛起一定要通过产业化来实现，这是毋庸置疑的。但是产业化是一个经济行为，需要商业资本与企业的参与来完成，否则就会成为过去"集中力量办大事"的计划经济。

产业化的前提是生产要素的市场化，通过市价来实现资源的优化配置，促进供需有效对接，推动经济发展。但生产要素的市场化是有成本的，市

---

① 六盘水"三变"改革现实意义和启示[EB/OL].(2019-10-30)[2021-08-15].http://www.gzrd.gov.cn/llyt/27526.shtml.

② 六盘水"三变"改革现实意义和启示[EB/OL].(2019-10-30)[2021-08-15].http://www.gzrd.gov.cn/llyt/27526.shtml.

场的形成是有代价的，为什么我们经常看到农民种的蔬菜会烂在地里卖不掉而城市里的消费者却在抱怨买不到绿色健康的农产品？这皆缘于农业高昂的交易费用。比如信息成本高，供需之间难以有效对接，农村交通设施落后导致物流成本高等。这些大大阻碍了农产品的规模化与产业化发展。

正是因为中国传统农业生产要素的市场化成本太高（交易费用高），完全通过市场化的方式去推动行不通。这就好比在一座大山深处的村落，村民要寄送包裹，一般情况下是找不到商业快递公司的，只能找中国邮政。因为在大山里交通不便，不具备开发商业快递网点的条件，企业不愿意投资建设网点，因为赚不到钱。只有等通往这个村落的路修好了，人口聚集了，企业才有可能进驻。

所以，什么时候需要政府的"有形之手"，什么时候需要市场的"无形之手"，这要根据经济发展规律，选择交易费用最低的方式，这样才能实现社会价值的最大化。在当前我国农业农村发展阶段就需要政府这只"有形之手"加以协助，从而降低农业资源要素的交易成本，推动农业的市场化与产业化。

又比如，在一个乡下的路边集市，过去很多赶集的农民会将自己种的农作物拿到集市售卖，这应该是最原始的自由市场。但这种自由市场会很凌乱、松散、碎片化，无法形成规模，也影响出行交通。这个时候政府如果出资建设一个集贸市场，把这些人集中起来进行有序管理，同时又不影响他们的自由交易行为，集市的规模就会不断壮大，各种交易也会更有序，从而更好地促进农产品销售和流通。

于是有人会问：为什么由政府来建集贸市场？通过竞标让老板们来建不行吗？为什么要用"有形之手"而不是"无形之手"？那是因为用市场"无形之手"的成本太高，建立一个农贸市场涉及土地、管理、治安甚至拆迁等一系列问题，企业前期的投入成本太大。更重要的是投资农业项目的收益低，回报周期长，很多企业等不起。事实上，企业投资后发现入不敷出，在趋利下就必然会通过其他方式来盈利，如提高市场摊位费，最后的成本必然会分摊到农民的菜价上。尤其是很多农业产业化项目，最终演变成乡村别墅的土地经济以求获得利益，这与发展农业产业的初衷背道而驰。

让政府投资并不是计划取代市场，而是通过计划的方式更好促进资源要素市场化。这就是发展农业与工商业最大的不同。农业需要政府前期推动和投入对生产要素进行市场化改造，通过"有形之手"来降低市场交易成本，从而推动资源要素的市场化与产业化。

比如六盘水的改革，先用政府的力量来整合农村资源，对农村集体各类资源资产进行核实，确定权属关系，经村集体经济组织全体成员同意，将集体所有的土地、林地、草地、山岭、滩涂、水面等自然资源的经营权折价入股经营主体，使成员按比例获得收益，为产业化的市场要素流通奠定基础。同理，利用各类财政资金，将其作为村集体或农户的股金，投入到经营主体形成股权，并使成员按股份比例分享收益。

对投资农业的企业或经营主体而言，按照农户持有股份进行收益分配，而不用向其支付土地租金，节约了企业经营的成本；对入股农户而言，通过入股规模经营主体，由旁观者变成参与者，可以享受企业发展带来的红利，有效地增加了农户的持续性收入。

因此，六盘水的"三变"改革就是通过政府、村集体、农民的参与来降低整个传统农业产业化的交易费用；通过产权改革集中产业资源，将资源变资产，让"沉睡"的资源"活"起来；通过入股的模式降低企业的经营成本，加速农业的市场化与产业化。

所以，"三变"关键是降低交易费用，降低产业化成本，但这个成本并没有消除掉，只不过是从过去由企业承担（投资农业的企业）转变为由政府、村集体、农民、企业共同承担。这对于企业来说是一个极大的鼓励，也让更多的企业愿意投入农业、发展农业，真正推动农业产业的规模化。

因此，六盘水的"三变"本质上是一场用"有形之手"来推动中国农业市场化、规模化与产业化的革命！

第三节 从"三变"到建设中国特色的现代化农业

六盘水的改革是突显新时代中国特色社会主义制度优势的一次农村产权制度改革，其用行政的力量推动农村资源的市场化与产业化，走的是中国特色的现代化农业之路。

从六盘水的产权改革到"三权分置"

与以往任何一次农村改革都不同的是，六盘水改革最大的特点是赋予农民完整的个人产权，这个产权不仅仅是资产的承包权、经营权，更重要的是农民资产的收益权。为什么是收益权？我们先来看看党中央提出的"三权分置"。

为进一步健全农村土地产权制度，推动新型工业化、信息化、城镇化、农业现代化同步发展，中共中央办公厅、国务院办公厅印发了《关于完善农村土地所有权承包权经营权分置办法的意见》，将土地承包经营权分为承包权和经营权，实行所有权、承包权、经营权（简称"三权"）分置并行，着力推进农业现代化。农业部部长韩长赋表示，这是继家庭联产承包责任制后农村改革的又一重大制度创新。

在这里，"三权分置"的重点是落实集体所有权，稳定农户承包权，放活土地经营权。从这一角度来看六盘水的产权制度改革会发现，六盘水"资源变资产、资金变股金、农民变股东"的"三变"实际上就是"三权分置"的最好体现。因为"三变"的前提是资源的集中，资源的集中是通过赋予资源的产权归属，尤其是赋予利益归属的收益权，让资源、资产、资金更好地流动起来。市场化的前提是生产要素的自由流动，而生产要素流动的前提则是有清晰的产权界定。

产权有四大属性：一是所有权，二是使用权，三是转让权，四是收益权。"三权分置"中所有权不变（土地集体所有），把土地承包经营权分为承包权和经营权，实质上是把产权中的使用权与转让权分离，这样就可以让资产更好地流转起来，让善于经营的企业来经营，发挥物尽其用的优势。六盘水的改革就在保持集体所有制不变的前提下，通过"三权分置"赋予农民资产收益权，让农民成为拥有资产收益的主人，进一步强化了市场经济下的农村现代产权制度，从现代法治意义上赋予了农民完整的个人产权，这才是现代意义上的市场经济。

这也是南街村、华西村等没看到的地方，因为无论是南街村还是华西村，他们都是将所有权归于集体，将使用权（经营权）归于村办企业，而完全没有转让权。没有资产的转让权，就如同在一个独立王国，别人进不来，自己出不去，最终演变成家族式的产权治理结构，形成集权化的经营决策机制，无法转向现代市场经济下开放式的产权治理结构。

六盘水则不一样。它通过"三变"建立了一个开放式的产业发展体系，让更多的工商企业和经营者参与到六盘水的产业发展中来，形成了一个开放竞争的商业体系，而不是封闭的集体经济组织，这样就避免了集体经济一股独大带来的经营风险。比如在南街村，一旦王宏斌不在了，或者某一产业板块发生危机，南街村就会陷入经营困境。但在六盘水的产业体系中则不同，由于资产的股权具有良好的流动性，当企业经营受阻时，可以很好地将资产进行重组剥离，形成新的商业形态，构建新的产业生态。这就好比在一家商场，里面有很多商铺，如果其中一家商铺的生意不好，它可以引进新的商家，引进适销对路的产品，通过市场化的方式让经营可持续。

为什么要对农村进行产权制度改革？产权改革的目的除了要保护农民、保护集体资产的权益以外，更重要的是要发展产业，让资产增值。如何增值？那就是通过市场机制使得物尽其用，让资源流到最能产生价值的地方去，流到最能产生社会财富的地方去。

所以，农村的产权制度改革，要将重心放到如何建立起高效的资源尤其是土地资源流转机制上来，通过市场机制让资源的价值最大化。但前提是要建立资产的现代产权制度，尤其是要对经营权、收益权进一步完善，这是现代产权制度最重要的体现。

劳动力是一种资产，土地也是一种资产。中国劳动力不流向沿海地区，中国的改革开放就搞不起来；同样，土地资源不流转起来，中国的现代农业也就发展不起来。农村最大的资产是土地，改革的核心是将农村的土地资源充分流转，通过市场对资源要素的优化配置实现土地价值的最大化。只有这样农业、农村才能发展起来。

"三变"是一场中国特色的农村产权制度改革

从小岗村到南街村，从南街村到华西村，在探索中国农业农村现代化的道路上，我们进行了大胆创新和尝试。有成功的，有失败的，也有获得短暂的成功之后走向失败的。迄今为止，还没有哪一种模式具有六盘水"三变"这样的普遍性和适用性。

六盘水改革没有崇洋媚外学习西方发达国家的农业发展经验，没有照搬东亚地区的模式，也没有故步自封停留在过去的计划与市场之间徘徊，而是结合中国改革开放的成功经验，在市场与计划之间建立起了一种符合自身发展规律的中国特色的农村发展模式。

有人说六盘水改革带有浓厚的行政色彩，是走计划经济下的集体经济发展路线，其实这误读了六盘水。也有人说"三变"是走私有经济下的股份制改造之路，是用市场化改造中国农业，这也是不得要领。确切地说，六盘水的改革是借助中国特色社会主义制度优势的一次农村产权制度改革，是用"有形之手"推动农村资源的市场化与产业化，走的是中国特色的现代化农业道路，它符合当前我国农业发展的阶段，符合农村发展的现状，更符合广大农民的根本利益。

首先，"三变"坚持发展中国特色的集体经济。"三变"没有改变集体经济的属性和优势，它在保留集体经济所有权不动摇的前提下，让农村集体资源更好地集中，更好地形成规模优势。有人要问，为什么一定要坚持集体经济的发展模式？难道发展个体经济不行吗？中国农村发展集体经济并非意识形态的需要，而是在实践中早已证明，传统以家庭为单元的小农经济因资源分散无法形成规模效应，无法提高人均产出，所以农民种田只能解决温饱而不能致富。

因此，坚持发展集体经济是为了更好地让资源变成资产，让资金变成股金，让农民变成股民，从而促进农村经济的发展。

不同的是，六盘水没有走南街村、华西村集体经济下的村办企业路线，而是使集体经济的组织形态更加多元化。比如引进龙头企业、合作社、家庭农场等，甚至国有企业，这在一定程度上避免了村办企业发展的局限性，尤其是在资产所有权（村集体）上形成的封闭性（比如南街村集体经济只能局限于南街村人，华西村也同样如此）。

所以，发展集体经济并非仅仅是发展村办企业、壮大村集体资产，而是建立现代产权结构的市场要素，更好地改造集体经济，让其成为更为市场化、商业化的优良资产，更好实现资源要素的流动，增加社会财富，而这也恰恰有力地驳斥了集体经济与产权不清晰、低效率、管理不善画等号的论调，这才是具有中国特色的集体经济。

其次，与以往的集体经济不同的是，六盘水的"三变"是一场农村、农民普惠性改革。无论是从改革对象，还是改革受益者，都具有很强的普惠性。比如"三变"不仅仅适合六盘水，同样也适合中国广大其他地区的农村；不仅仅发展壮大集体经济组织，还要让农民成为参与者、受益者。

与南街村、华西村的集体经济不同的是，六盘水的改革并非依靠特殊的时代机遇，比如改革开放初期的巨大商业机遇，以及拥有特殊才能的"领路人"，如王宏斌、吴仁宝等，这些都是时代的产物，没有办法复制，无法成为普适性的发展模式。这也是我们鲜有看到第二个华西村、南街村的原因。

六盘水改革使现有的资源通过市场化方式实现资产增值，通过商业化经营转化为集体财富，进而发展和壮大集体经济。这种普惠性改革也与中国特色社会主义的宗旨、理念、目标保持高度一致，也符合广大人民的根本利益，是实现共同富裕的最好体现。

最后，"三变"是为了更好地走中国特色的现代化农业道路。"三变"改革通过将"资源变资产""资金变股金""农民变股东"实现产业要素的市场化，使原来属于村集体所有的土地等自然资源转变为新型经营主体的运营资产，通过企业等经营主体来提高资产的收益，从而增加农民的收入。

所以，从本质上来说，它是一次农村集体资产的产权改革，它让农村的生产要素不再处于"沉睡"状态，而使其具有了流动性，物尽其用；它让资金不再分散，将其集中投入到各类经营主体的产业中，实现资本收益。同样，它让农民不再是旁观者，而是经营的参与者、受益者。

只有让生产要素有了流动性，才能实现产业化发展。所以，"三变"改革大大推动了农业的市场化与产业化，更好地推进了走中国特色的现代化农业道路。

党的十九大报告提出实施乡村振兴战略，"加快推进农业农村现代化"。农业的现代化，事关我国全面建设社会主义现代化国家的大局。习近平总书记指出，没有农业现代化，没有农村繁荣富强，没有农民安居乐业，国家现代化是不完整、不全面、不牢固的。他还强调，解决好"三农"问题，根本在于深化改革，走中国特色现代化农业道路①。

那么，什么才是中国特色的现代化农业道路呢？

---

① 阎占定.走中国特色现代化农业道路［N/OL］.光明日报，2018-07-24［2021-06-16］. http://epaper.gmw.cn/gmrb/html/2018-07-24/nw.D110000gmrb_20180724_2-06. htm.

第五章 不破而立
——建设中国特色的现代化农业

习近平总书记在十九届中央政治局第八次集体学习时的讲话强调，没有农业农村现代化，就没有整个国家现代化。那么，在新时代如何建设中国特色的现代化农业呢？

第一节 没有农业的现代化，就没有中国的现代化

只有立足中国国情，走中国特色的现代化农业道路，才符合发展规律，符合中国国情，符合广大农民的根本利益。

我国是一个农业大国，但却不是一个农业强国。在经历40多年的改革开放之后，我们的城市化建设、硬件基础设施建设基本上走向了现代化。但与之对应的是，我们的农业生产方式基本上还处于传统阶段。城市跨越式的现代化进程与农村落后的生产力水平形成了巨大反差，最直接的体现就是城乡发展的不平衡、不充分。

笔者记得林毅夫在谈及中国农村时用了一个形象的比喻，说我们的"城市建设像欧洲，农村像非洲"。这虽然说得有点夸张，但也确实反映了我们城市化建设和农村发展之间的巨大差异。随着城市化速度的加快，青壮年劳动力大量进城，农民老龄化、"三留守"（留守儿童、留守妇女、留

守老人）问题越来越突出。来自全国妇联的数据显示，2015 年我国农村留守儿童数量达 6 102.55 万，其中独居留守儿童已达 205.7 万，留守儿童的心理和情感贫困程度比物质贫困更为严重①。加上农业自我发展能力不断弱化，农村"空心化"加剧，正一步步走向衰落。

据《人民日报》报道，改革开放后城乡收入差距曾一度缩小，1983 年城乡居民人均收入比为 1.82∶1，但后来又有所拉大，2009 年达到 3.33∶1，2014 年为 2.92∶1。在城市面貌日新月异的同时，农村基础设施建设和民生保障方面的历史欠账还很多②。

党的十八大以来，习近平总书记多次强调："发展不能是城市像欧洲、农村像非洲，或者这一部分像欧洲、那一部分像非洲，而是要城乡协调、地区协调。"③ 于是，城乡统筹被提出来，城镇化建设成为热潮。国家也大幅度增加了对农村、农业的投入，农村的水、电、路等基础设施有了很大的改善。但一个不争的事实是，我们仍然是一个以农业人口为主的人口大国，即便是城镇化率将来达到 70%，仍然还有几亿农业人口。在任何一个发达国家，其农业人口比例都不会超过全国人口的 5%，而我国则接近 40%。这么庞大的人口生活在农村，如果没有将农村经济发展起来，不能增加农民就业和收入，那么城乡差距就很难缩小，贫富差距问题也就难以化解。

在"不管黑猫白猫，能捉老鼠的就是好猫"的特殊年代，让一部分人先富起来，这是由我国当时的国情决定的。但今天我们进入了一个全面建设社会主义现代化国家的新时代，如果继续停留在先富后富的问题上，不

---

① 张旭东，孙宏艳，赵霞. 关于农村留守儿童群体存在问题及对策的调研报告［R/OL］. (2015-06-19）［2021-06-16］. http://theory.people.com.cn/n/2015/0619/c40531-27180206.html.

② 习近平经济工作论述解读解读之三：协调［EB/OL］. (2016-02-25）［2021-06-16］. http://news.cnr.cn/native/gd/20160225/t20160225_521462723.shtml.

③ 习近平与"十三五"五大发展理念·协调［EB/OL］. (2015-11-02）［2021-08-15］. https://news.12371.cn/2015/11/02/ARTI1446428089295642.shtml.

将农村、农业的发展放在优先位置，那么我们的现代化目标就难以实现。

因此，农业的现代化关系着整个国家的现代化，没有农业的现代化，就没有整个国家的现代化，这是一个重大而又深远的时代课题。

但是，在中国农业现代化道路的探索中，当前无论是在理论还是在实践中，我们依然在"摸着石头过河"，在方向上并不清晰，也不明朗，就是在现代化这个概念上也是各执一词，缺乏一套清晰的中国标准。农业现代化是一个很宏观但又很客观、很现实的问题，它直接关系到民生，关系到国家的繁荣与稳定。那么到底什么是中国特色的现代化农业呢？按照中央农村工作领导小组原副组长陈锡文的观点，区别传统农业和现代农业的标志是物质能量循环的转变与科技进步①。怎么理解物质能力循环的转变呢？他利用事例对此做了回答。清朝末代科举状元江苏人张謇曾尝试过发展现代农业，他按照欧洲的方式开办了一个农场。他从国外引进抽水机并购买化肥，进行实验，后因为柴油等原料中国不能生产，最终不能持续。直到18世纪70年代以后，英国的工业革命开始了由工业给农业提供现代能源和物质的进程，才打破农业的能量流动和物质循环封闭圈，让外来的能源和物质进入循环过程。

我国直到20世纪50年代开始工业化进程后，新的能源和物质才开始大规模投入农业，农业现代化才得以快速推进。

第二点科技进步比较好了解。我国科技进步对农业发展的贡献率已经达到53%，农业的耕种收综合机械化程度已达到54%。

现代农业是相对于传统农业而言的，我国是一个以传统农业为主的国家，我国农业是以家庭为单元构成的小农经济。所谓现代化不仅仅是科技含量、机械化普及率、生产效率的提高，也不只是规模化、标准化生产等指标，更要立足国情、立足发展规律、立足广大人民利益走符合自身实际

---

① 陈锡文. 中国特色农业现代化的几个主要问题［EB/OL］.（2013-02-19）［2021-06-16］.http://theory.people.com.cn/n/2013/0219/c352499-20529826.html.

的发展道路。

因为每个国家的资源禀赋、所处的发展阶段不同，就注定了其现代化标准与程度的不同。不同国家始终面临不同资源的优化组合问题，没有什么全球通行不变的公式。比如，美国农业的高度机械化与规模化建立在拥有世界第一耕地面积的前提下；日本农业的精耕细作则是以人多地少的农业科技与专业化为支撑；同样，荷兰高生产效率的家庭农场背后，则是后工业时代下的高度设施化与集约化。所以，中国农业的现代化不能脱离实际，更不能脱离中国特色，只有立足中国国情，走中国特色的现代化农业道路才符合经济发展规律，符合中国发展道路，符合广大农民的根本利益。那些一味地照搬西方理论与模式的邯郸学步，最后往往是南橘北枳，得不偿失，这在以往的实践中早已被证实。

1981年，《关于建国以来党的若干历史问题的决议》指出："在社会主义改造基本完成以后，我国所要解决的主要矛盾是人民日益增长的物质文化需要同落后的社会生产之间的矛盾。"在改革开放走过了四十余年后，我们的经济高速发展，城市化建设日新月异，居民收入也是逐年递增，但城乡之间的差距在不断拉大，新的主要矛盾已经显现。所以，党的十九大报告提出，中国特色社会主义进入新时代，我国社会主要矛盾已经转化为人民日益增长的美好生活需要和不平衡不充分的发展之间的矛盾。

不平衡不充分主要体现在城乡之间发展的不平衡、农村发展的不充分，这是中国当前的基本国情和最大特色。由于城市化建设的加剧，社会各种资源形成"经济漩涡效益"并不断流向城市，农村人口也不断往大城市尤其是北、上、广等地区迁移，每年春运就会上演一次人口大迁移。再看看我国农村留守儿童数据，这就是经济、就业、教育、医疗等发展不平衡不充分的最有力的体现。

正是在中国特色社会主义进入新时代，新的社会主要矛盾出现的背景下，为解决城乡发展、区域发展的不平衡不充分矛盾，2017年党的十九大报告提出了实施乡村振兴战略。乡村振兴战略是一次振兴农业、发展农村、缩小城乡差距、实现共同富裕的重要举措。

在改革开放"跑步式"发展后呈现出众多社会问题，这些问题是过去追求效率的必然产物。实施乡村振兴战略，其目的就是解决新时代我国社会主要矛盾、加快推进农业农村的现代化。

怎么解决？按照乡村振兴的部署，总要求是产业兴旺、生态宜居、乡风文明、治理有效、生活富裕，中心任务是推进乡村产业、人才、文化、生态、组织"五个振兴"。

产业振兴是关键，是乡村振兴的核心载体，是加快推进农业农村现代化的根本。只有产业振兴才能发展农村经济，才能打好乡村环境基础、文化基础、社会基础，并最终实现生活富裕的民生目标。所以这个逻辑是很清晰的，这也是在乡村振兴战略中把产业振兴排在第一位的原因。

无疑，六盘水的"三变"改革对农村的产业化是一次巨大的推动。在农村改革的道路中，有一点已达成共识，那就是农村的建设、农业的发展、农民的致富最终一定要通过产业支撑来实现。无论是当年的南街村，还是后来居上的华西村，抑或是当前的六盘水，都是围绕产业致富的道路，都是通过发展产业来缩小城乡差距和贫富差距的。至于以什么样的方式，发展什么产业，那是因地制宜的问题，是实践的问题。

所以，在一个拥有数亿农民的国家，农业的现代化关乎数亿农民的未来，关乎中国农村的稳定与繁荣，更关乎整个国家的现代化。习近平总书记在十九届中央政治局第八次集体学习时的讲话强调："没有农业农村现代化，就没有整个国家现代化。"建设中国特色的现代化农业是当前，也是未来一个极其重要的现实问题。

那么，如何建设中国特色的现代化农业呢？

第二节　如何建设中国特色的现代化农业？

坚持农村土地集体所有制，但同时推动土地经营权与所有权的分离，这是由中国基本国情和建设中国特色社会主义的性质决定的。

当年，邓小平同志从中国的特点出发，对建设具有中国特色的社会主义农业提出了一整套的路线、方针和政策。他指出："我国农业现代化，不能照抄西方国家或苏联一类国家的办法，要走出一条在社会主义制度下合乎中国情况的道路。"①

习近平总书记也指出，没有农业现代化，没有农村繁荣富强，没有农民安居乐业，国家现代化是不完整、不全面、不牢固的②。他还强调，解决好"三农"问题，根本在于深化改革，走中国特色现代化农业道路。

如何走中国特色的现代化农业道路呢？清华大学中国农村研究院副院长张红宇在《探索中国特色农业现代化道路》一文中提出，与美国的平原农业、以色列的旱作农业、荷兰的设施农业等农业发展模式相比，我国农业的最大特征就是多元化。我国区域发展不平衡，农业资源禀赋差异大，因而经营主体也具有多元化特征。经营主体多元是我国传统农业向现代农业演进的必然现象③。为此，他主张：东北地区人少地多，适合发展大规模粮食生产；西北地区水资源相对缺乏，适合发展旱作农业；东部、中部地

---

① 李捷. 光明专论：一代伟人与一个时代——邓小平与改革开放中的当代中国［EB/OL］.（2014-08-18）［2021-08-15］. https://news.12371.cn/2014/08/18/ARTI1408308128151519.shtml.

② 雷东瑞. 习近平与江苏的故事［EB/OL］. 人民日报，2020-11-13［2021-06-16］. http://www.xinhuanet.com/2020-11/13/c_1126738304.htm.

③ 张红宇. 大家手笔：探索中国特色农业现代化道路［N/OL］. 人民日报，2019-05-13［2021-06-16］. http://theory.people.com.cn/n1/2019/0513/c40531-31080532.html.

区农业资源多样，劳动力、技术等资源具有优势，适合发展多样化农业和都市农业；西南地区地少水丰，丘陵、山区并存，适合发展特色农业①。

张院长的观点很中肯，按照经济学家李嘉图的比较优势理论，每个国家都应根据"两利相权取其重，两弊相权取其轻"的原则，集中生产并出口其具有"比较优势"的产品，进口其具有"比较劣势"的产品，从而获得专业化分工提高劳动生产率的好处。说简单一点，就是要做自己擅长做的事情，把不擅长的交给别人做，这样自己的生产成本才会降低，通过市场交易让双方都受益。这个理论也同样适合农业，通过生产具有低成本的农产品可以带来比较优势。

按照张院长的观点，多元化其实就是"因地制宜"发展农业。中国农业具有多元化的特点，要立足于不同资源禀赋和生产条件，发挥区域比较优势，形成优势产业，这在逻辑上没有问题。

但如果将"因地制宜"发挥优势产业视为中国特色农业现代化道路与模式，这个说法显然过于笼统，至少在"特色"两个字上没有讲清楚。因为任何地方的农业发展都可以往这个原则上套，都可以说是"因地制宜"。既然是建设中国特色的现代化农业，那么我们首先要把这个"特色"讲清楚、讲明白、讲透彻。

建设中国特色的现代化农业是由我国基本国情与所处的社会发展阶段以及经济发展规律决定的，而"中国特色"是建立在中国社会主义发展阶段的道路、制度与文化基础上的。因此，中国农业的现代化必须遵循"中国特色"的内在规律。

从宏观上来看，建设中国特色现代化农业至少在三个"特色"上不能动摇。

---

① 张红宇. 大家手笔：探索中国特色农业现代化道路［N/OL］. 人民日报，2019-05-13［2021-06-16］. http://theory.people.cn/n1/2019/0513/c40531-31080532.html.

一、坚持农村土地（资源）集体所有制不动摇

在很长一段时间内，中国农村土地制度的改革充满了各种争议，尤其是改革开放取得巨大成功后，私有产权下的民营企业释放了巨大的经济活力。在市场经济影响下，有人主张土地也走市场化道路，提倡土地私有制，允许土地买卖，并通过土地自由交易，让市场的"无形之手"来实现土地资源优化配置，从而激活农村经济。农民则可以靠卖地进城生活，农民进城后，还可以享受到城市的现代化服务，能够大幅度地消除城乡之间的差别，提高城镇化。

另一方则坚决反对土地私有制，认为一旦土地可以自由买卖，农民失地后就失去了基本生活保障，而大部分农民进城后的务工收入根本无力支撑其高昂的居住成本，尤其是供房、求学、医疗等费用的支出。在社会保障不健全的情况下，土地的市场化会导致农民贫富两极分化，造成"三无"（无地、无业、无社会保障）农民大量增加，从而造成农民总体状况的恶化，进而对社会稳定带来极大的不确定性。

面对这两种意见，中央的态度则很明确，那就是保持土地集体所有、家庭承包经营的基本制度长久不变①。党的十九大报告更是明确提出："巩固和完善农村基本经营制度，保持土地承包关系稳定并长久不变，第二轮土地承包到期后再延长三十年。"②

农村土地集体所有制，是我国农业社会主义改造取得的历史性制度成果，已经纳入法律条文中，其初心是确保耕者有其田，让种地的农民永远

---

① 中共中央 国务院关于保持土地承包关系稳定并长久不变的意见[EB/OL].(2019-11-26)[2021-08-15].http://www.gov.cn/xinwen/2019-11-26/content_5455882.htm.

② 中共中央 国务院关于保持土地承包关系稳定并长久不变的意见[EB/OL].(2019-11-26)[2021-08-15].http://www.gov.cn/zhengce/2019-11-26/content_5455882.htm.

成为土地的主人。包括后来提出的"三权分置"，也是在坚持农村土地集体所有制的前提下，促使承包权和经营权分离，形成所有权、承包权、经营权"三权"分置、经营权流转的格局，也是为了构建土地所有者与经营者分离的市场经济制度，消除人民公社体制中的"大锅饭"弊端，形成统分结合的制度优势。

很明显，在土地制度改革中，中央既要保障农民的根本利益不受损，同时又要通过市场机制来提高土地的使用效率、经济效益，建立现代高效的农业生产体系。

所以，坚持农村土地集体所有制，同时又推动土地经营权与所有权的分离，是由我国基本国情和特色社会主义本质决定的，也是多年实践的成果。

其一，坚持集体所有制可以集中土地资源形成规模效应，实现集中力量办大事。集体经济可以很好地降低产业化成本，这一点在六盘水的"三变"改革中非常明显。如果不是在集体所有制下，"资源变资产"就很难实现，集中力量办大事的难度就很大。

南街村、华西村为什么能取得成功？这在很大程度上缘于王宏斌、吴仁宝采取了集体所有制的模式，将村集体的土地资源、劳动力快速集中起来，通过抓住改革开放的商业机遇把村办企业做大做强。反之，小岗村采取家庭联产承包责任制分田到户后就发现，农民种地的积极性是提高了，但却各自为政，各顾自家"一亩三分地"。在解决了温饱问题后，却很难形成产业规模优势，最后很多农民依然外出务工。"包干到户"能解决温饱问题，却无法解决农村产业发展问题。

所以，当沈浩敏锐地看到这一问题后，便不得不将土地收回来发展集体经济。这就是农业与工业的最大不同，农业一定是通过规模化来实现产业化的，但前提是将土地资源集中起来。工业则不同，工业的产业化是增加机器、设备、资金、劳动力要素即可。

由此我们知道，农业的产业化如果不是建立在集体所有制基础上，各种交易成本会非常高，就如同一个小区要增加一项公共设施，每一个业主都有不同意见，即便是投票决定后，有的业主也不愿出钱，从而很难达成一致。

其二，中国国情决定了农村土地（资源）集体所有制性质。土地的私有是有条件的，也是有局限的，更要看是否符合实际国情。在当前，尤其是农村的保障制度不完善的情况下，一旦放开土地自由交易，商业资本出于趋利便会参与"圈地"，甚至像炒房产一样倒卖土地获利，最后农民必然会失地，受损的最终还是农民。

目前，我国农村的养老保障制度还没有完全建立起来，大部分依然处于养子防老阶段，土地是农民最后一道保障防线。一些发达国家实行土地私有制，很大程度上已经建立起强而有力的社会保障与福利制度。它们有强大的经济实力来反哺农业，最重要的是它们的农业人口数量少，工业反哺农业绰绰有余。而我国是一个农业大国，是一个农民人口占多数的国家，工业反哺农业作用如同杯水车薪，农民一旦失去土地，就业又出现问题时，将对整个社会的稳定构成直接威胁。

所以，坚持农村土地（资源）集体所有制并不是不鼓励市场化，而是在现阶段，尤其是当前农村还不具备土地市场化条件情况下，在保护农民利益的前提下，通过建立土地资源的流转机制实现农村土地价值的最大化，这是由"中国特色"决定的。

如果对这一点还有疑问的话，我们来看看市场化程度很高的行业，比如互联网金融，这几年多少P2P公司携款潜逃，相关家庭卷入其中，更何况是弱势的农民群体，他们的权益更难保证。所以，坚持农村土地（资源）集体所有制性质不动摇，不仅是由我国基本国情与经济发展规律决定的，也是广大农民的根本利益所在。

二、坚持中国特色的农业市场化路线不动摇

改革开放的成功实践和伟大成就证明，建立社会主义市场经济是走向繁荣富强的唯一道路。同样，在建设中国特色的现代化农业道路上，必须坚持中国特色的农业市场化路线。

农业的市场化一直以来是一个颇有争议的话题，因为农业直接关系到国家粮食安全，直接关系到老百姓的生计。美国是全球农业实力最强的国家，除了拥有大面积耕地优势和现代农业科技的强力支撑以外，更重要的是它以保障国家粮食安全为核心，构筑起了严密的农业安全网。它以政府"托底"为保障，以"市场之手"和"政府之手"建立相辅相成的关系，用国家政策与金融杠杆在全球范围内实现贸易扩张，掌控了全球绝大部分的粮食贸易，全球一半以上的谷物与蔬菜种子，由美国孟山都、杜邦两大企业掌控。

尤其是在国际金融操控下的粮食战争中，国际粮商通过开放粮食市场，以金融为手段，操控粮食价格，进而垄断和控制该国的粮食供应市场，在粮食战争中处于支配地位。20世纪70年代，美国国务卿基辛格曾说过：谁控制了石油，谁就控制了所有国家；谁控制了粮食，谁就控制了世界。粮食战争是大国博弈的终极杀器，尤其是对于像中国这样靠7%的耕地养活全球近20%的人口的人口大国，粮食安全是头等大事。所以，一直以来"把饭碗牢牢端在自己的手中"是党中央一以贯之的原则，这也是坚持中国特色的农业市场化路线的原因。

所以，农业的市场化不是一个经济问题，而是一个集经济、政治、民生于一体的社会问题，因为全世界没有一个国家的农业是完全开放的、完全市场化的，这就注定了每个国家农业的市场化都有其独有的"特色"。

那么，什么是中国特色的农业市场化？这就是一方面要遵循市场的客

观规律，利用"无形之手"来提高效率，另一方面又不能脱离中国实际，要保持中国的"特色"，笔者认为这主要体现在三个方面：

一是坚持农村集体经济市场化。早在 1990 年，邓小平就提出我国农业要经过"两次飞跃"才能实现现代化的思想。他说："中国社会主义农业的改革和发展，从长远的观点看，要有两个飞跃。第一个飞跃，是废除人民公社，实行家庭联产承包为主的责任制。第二个飞跃，是适应科学种田和生产社会化的需要，发展适度规模经营，发展集体经济。"①

坚持发展集体经济不仅是稳定农村、保护国家粮食安全，也是建立公平的分配体系、缩小贫富差距、实现共同富裕的前提。但是发展集体经济可不是搞行政指令经济，而是要保持集体经济的发展活力，通过市场机制让农业的生产要素得到流动，实现集体资产增值。

所以，集体经济的改造和运行是一个市场化行为，要用市场的方式来提高集体资产的产业价值。比如，推进农村集体资产确权到户和股份合作制改革，明晰农村集体产权归属，将农村集体经营性资产以股份形式量化到本集体成员等，这些都是推动农村集体经济市场化的改革措施，都是为了更好地促进集体经济生产要素的流动，更好地激活集体经济的活力，这不仅保护了农民的利益，也壮大了集体经济。

二是坚持农业经营主体的市场化。六盘水改革的经验再一次证明，实行集体所有制与建立市场化农业体系没有必然冲突，反而能够更好地推动农业的市场化与产业化。坚持农业经营主体的市场化，也就是让企业、合作社、家庭农场等主体参与市场化的经营活动，通过市场这只"无形之手"更好地推动生产要素的流动。

经济的发展是一个市场化的过程，在农业的经营体系中也不例外，一

---

① 中共中央文献研究室. 邓小平年谱：下 [M]. 北京：中央文献出版社，2004：1310－1311，1349.

定要建立开放、自由、公平的参与体系；要以企业为经营主体，遵循市场原则，让其在公平竞争的市场环境下发挥其创造力。只有坚持农业经营主体的市场化，才能更好地提高经营效益，实现产业化经营。

因为经济发展的活力是由企业来激发的，无论是南街村、华西村还是六盘水，其经营主体都是由企业单元构成，至于是集体企业、合作社，还是民营企业、国有企业，那是所有制的问题。

因此，只有坚持农业经营主体的市场化，才能保持农村经济发展的活力，推动农村产业的发展。

三是坚持公平、公正、有序的市场监管原则。尽管市场创造了财富，发展了产业，推动了经济，但市场本身也有其不足之处，尤其以追求个人利益最大化为原则的利益驱动，在缺乏完善的市场监管体系下，往往带来很大的破坏力和负面影响。比如一些经营主体为了实现自我利益，破坏市场规则，扰乱市场秩序，甚至不惜损害他人和社会的整体利益。

有人说中国的市场经济带有很强的行政色彩，市场被行政干预的现象突出。我们不排除在少部分领域会有这种现象，但坚持市场有序监管，维护市场公开、公平、公正的原则不能动摇。市场不是万能的，市场也有弊端和不足，尤其是在法治不健全、监管体系不完善的前提下，市场也会对社会发展带来破坏性。比如缺乏监管的资本大鳄，如同洪水猛兽肆意破坏市场竞争规则，利用监管漏洞，设计各种金融工具大肆攫取老百姓和投资者的财富。即便是在高度发达的互联网产业，也依然存在利用电商平台的支配地位，借助平台规则和数据、算法等技术手段，通过垄断来获取不正当利益的情况。

权力可以关进制度的笼子里，但资本却是流动的，很难有效监督，资本操控股市、利用资本炒房、P2P 网贷跑路等已不是什么新鲜事，甚至还有"炒姜""炒蒜"的。即便如此，我们依然无法应对市场监管的不足带来的各种社会问题，尤其是涉及的民生问题。

所以，在农业、农村这些资源型生产领域，尤其是对国家粮食安全、民生发展、社会稳定有着重大影响的行业，如果不建立强有力的市场监管体系，农村经济发展的市场秩序就会遭到破坏，发展不平衡、不充分问题将更加突出，贫富差距也会更大。

市场并不是万能的，并不是所有的市场化改革都能成功。比如当年改革开放下的深圳，从一个毫不起眼的小渔村一举成为国际化大都市，是搞市场化改革最成功的案例。但紧随其后的 1988 年的海南大开发，大量的人涌向海南"淘金"，号称"十万大军下海南"，最终却以失败告终。市场也是有其自身规律和"特色"的，不同资源、不同环境、不同地区其市场化的路线也是不一样的。

所以，坚持中国特色的农业市场化路线不动摇，是建立现代化农业的中国特色、中国实践与中国道路。

三、坚持"因地制宜，实事求是"的产业发展原则不动摇

中国农村的资源分布千差万别，各地发展的基础条件也不尽相同。正所谓"十里不同天，百里不同俗"，一方水土养一方人，这种与生俱来的地理环境与农业资源构成了中国的特色农业。

2019 年中央一号文件指出，要"因地制宜发展多样性特色农业，倡导'一村一品''一县一业'"。从不同地区的实际情况出发，大力发展特色产业是振兴乡村产业的有力举措。

"因地制宜，实事求是"的产业发展原则，就是根据当地的农业生态资源、气候条件，发展与其相适应的产业。比如在广西龙胜各民族自治县，

因特殊的地理资源与自然条件，壮族、瑶族先民世代耕种梯田，形成了从山脚一直盘绕到山顶、千层天梯上云端的壮丽景观，有"世界梯田之冠"的美称。2003 年，当地充分利用其梯田资源优势发展观光旅游产业，村委与旅游公司签订了共同开发协议，村民负责种植水稻和维护梯田景观，旅游公司每年将门票收入的 7% 返还村民，并给村民分红。2003 年全村人均收入不足 700 元，到 2017 年，游客接待量超过 65 万人次，村民的人均收入超过了 1 万元。全村 264 户 1 212 人共分得 530 多万元人民币①。曾经的"空壳村"如今是当地远近闻名的旅游村，不仅摘掉了多年的"穷帽子"，还成为远近闻名的"旅游致富村"。

同样，安化黑茶、华容芥菜、周至猕猴桃、孝义核桃等都是通过利用当地优势资源，因地制宜发展的优势产业，它们带动了农村经济的发展。

实事求是原则就是遵循产业发展的规律和市场的原则，从实际出发，从人民利益出发。这个看似简单的原则在实践中并没那么简单，大家都知道要因地制宜，要发挥自我优势，但到底什么才是符合自身发展的特色产业？又如何来发展这些特色产业？这就需要遵循产业的发展规律，而不是盲目地大干快上，盲目地一窝蜂钻进去。

比如，一些地方把发展特色产业变成了服从上级安排的指令经济，变成了看政府的红头文件办事，只要有产业政策、有补贴，只要国家财政有支持，就发动群众大力上马，这无疑违背了产业规律和实事求是的发展原则。

"因地制宜，实事求是"的原则就是从实际出发，按照客观规律发展当地农业产业，这是一个经济问题，不是政治问题。因此，农业的产业化一定要遵循经济发展规律，坚持实事求是的原则。

---

① 赵琳露，唐梦宪. 广西龙胜梯田景区"两栖农民"年终分红：千人分得 530 多万元 [EB/OL]. (2018-02-08)[2021-06-16]. http://www.xinhuanet.com/local/2018-02/08/c_129808614.htm.

在这方面做得好的也不少，如广西百色市着力打造"世界杧果之乡"，充分利用当地适宜种植杧果的地理气候条件发展优势产业。利用右江河谷特殊的气候条件建立杧果商品生产基地，以"企业+合作社+农户"的模式，引进龙头企业经营主体，成立了杧果种植专业合作社，把发展杧果产业作为振兴百色经济、加快脱贫致富的一项支柱产业来抓。目前，百色杧果种植总面积已突破 120 万亩，投产面积 60 万亩，总产量 50 万吨，总产值 35 亿元①。又比如广西"长寿之乡"巴马的旅游养生产业，也是充分发挥了巴马独特的养生资源优势而发展成为地方特色优势产业，大大推动了当地经济的发展。不同地区其资源特色与产业规律也会不一样，地处经济发达一带的江浙地区，则适宜"特色小镇"的产业模式，如较为成功的乌镇、周庄等，以及走乡村旅游与家庭农场之路的鲁家村等。

"因地制宜，事实就是"地发挥资源优势，形成规模优势，发展优势产业，这是地方特色产业发展的必然条件和客观要求。尤其是针对我国农村资源分散的地区，如果不采取因地制宜的发展原则，不实事求是地认清自身的产业优势、规律和特点，那么产品在市场上就没有优势，产业就难以形成规模。

中共中央、国务院印发的《乡村振兴战略规划（2018—2022 年）》明确提到，在壮大特色优势产业中，以各地资源禀赋和独特的历史文化为基础，有序开发优势特色资源，做大做强优势特色产业。创建特色鲜明、优势集聚、市场竞争力强的特色农产品优势区，形成特色农业产业集群。实施产业兴村强县行动，培育农业产业强镇，打造一乡一业、一村一品的发展格局②。

---

① 高飞，王澎. 广西百色芒果产业脱贫致富纪实 [EB/OL].（2017-10-12）[2021-06-16].http://www.xinhuanet.com/food/2017/10/12/c_1121790418.htm.
② 中共中央 国务院印发《乡村振兴战略规划（2018—2022 年）》[EB/OL].（2018-09-26）[2021-06-16].http://www.gov.cn/gongbao/content/2018/content_5331958.htm.

第三节　习近平新时代中国特色社会主义思想与农业现代化之路

习近平新时代中国特色社会主义思想，是从以经济建设为中心到以人民福祉为中心的发展思想，是从让一部分人先富起来到走向共同富裕的发展思想。

建设中国特色社会主义是由中国改革开放的总设计师邓小平提出的，主要内容是在中国共产党领导下，立足基本国情，以经济建设为中心，坚持四项基本原则，坚持改革开放，解放和发展社会生产力，巩固和完善社会主义制度，建设社会主义市场经济、社会主义民主政治、社会主义先进文化、社会主义和谐社会、社会主义生态文明，建设富强民主文明和谐美丽的社会主义现代化强国。

党的十八大以来，改革开放和社会主义现代化建设取得历史性成就，我国发展站到了新的历史起点上，中国特色社会主义进入新的发展阶段。所以，党的十九大提出了习近平新时代中国特色社会主义思想，核心要义就是坚持和发展中国特色社会主义，总任务是实现社会主义现代化和中华民族伟大复兴，在全面建成小康社会的基础上，分两步走：在 21 世纪中叶建成富强民主文明和谐美丽的社会主义现代化强国；明确新时代我国社会主要矛盾是人民日益增长的美好生活需要和不平衡不充分的发展之间的矛盾，必须坚持以人民为中心的发展思想，不断促进人的全面发展、全体人民共同富裕……

从这一层面来看，中国特色现代化农业是中国特色社会主义的产物，其发展必须服从中国特色社会主义的大方向和总布局，既要遵循农业现代化的一般规律，又要立足中国的实际，更要坚持社会主义性质，体现中国特色。只有明确这两者的逻辑关系，才能更好地推动中国农业的现代化。

中国特色社会主义性质最重要的体现是要坚持共同富裕的分配制度，也就是要坚持以人民为中心的发展思想，不断促进人的全面发展、全体人民共同富裕。显然，农业现代化的过程是一个物质财富生产的过程，也是一个利益分配的过程。在这个过程中要体现效率与公平的统筹兼顾，要全面推动农村的发展，要让农民全面受益，正如习近平总书记反复强调的，"小康路上一个都不能掉队"①。

习近平新时代中国特色社会主义思想是对马克思列宁主义、毛泽东思想、邓小平理论、"三个代表"重要思想、科学发展观的继承和发展，它是从以经济建设为中心到以人民福祉为中心的发展思想，是从让一部分人先富起来到走向共同富裕的发展思想。用国家行政学院原副院长周文彰的话来说，习近平新时代中国特色社会主义思想充满着人民至上的情怀，强调我们必须坚持以人民为中心，始终把人民的利益摆在至高无上的地位。最广大人民群众的根本利益就是一切工作的最高标准，人民群众对美好生活的向往就是我们的奋斗目标②。

在此基础上便有了全面建成小康社会、实现"两个一百年"的奋斗目标的总任务的提出。由此可见，人民立场是习近平新时代中国特色社会主义思想的根本立场，人民幸福是习近平新时代中国特色社会主义思想的目标追求。为人民谋幸福，是中国共产党人的初心，也是习近平新时代中国

① 宋子节. 习近平的拳拳为民情："小康路上一个都不能掉队！"［EB/OL］.（2019-10-16）［2021-08-15］. http://politics.people.com.cn/n1/2019/1016/c1001-31404183. html.

② 周文彰. 习近平新时代中国特色社会主义思想的理论体系［EB/OL］.（2018-07-09）［2021-06-16］. http://theory.people.com.cn/big5/n1/2018/0709/c40531-30134457. html.

特色社会主义思想的根本落脚点，这才叫牢记使命，不忘初心！这也是习近平新时代中国特色社会主义思想最大的特色。

从这一角度我们来看，农业的现代化直接关系到农村的现代化，农业不发展起来，农村的建设就没有根基，在新时代下如何建设中国特色的现代化农业直接关系到广大农民的福祉、广大农村的繁荣与稳定。

农业强不强、农村美不美、农民富不富，决定着亿万农民的获得感和幸福感。从这一点来看，习近平新时代中国特色社会主义思想与农业现代化道路是一脉相承的，都是为了解决广大农民的问题，也是全面建成小康社会、实现"两个一百年"奋斗目标的共同夙愿。

因此，推动农业农村的现代化，就是为了解决新时代下社会发展的主要矛盾，也就是人民日益增长的美好生活需要和不平衡不充分的发展之间的矛盾；这也是城乡发展不平衡、农村发展不充分、贫富差距扩大的根源，也是扎实推动共同富裕必须解决的突出问题。

怎么解决？建设中国特色的现代化农业是一个系统的谋求农民幸福的工程，它不仅仅是发展现代化农业本身，还要建设好农村、治理好乡村，更要保护好生态环境等。所以，党的十九大报告提出实施乡村振兴战略来加快推进农业农村现代化。乡村振兴战略就是要牢牢把握农业农村现代化这个总目标，坚持农业农村优先发展的总方针，提出产业兴旺、生态宜居、乡风文明、治理有效、生活富裕的总要求，着力解决我国发展不平衡不充分的问题，在更高水平上不断满足人民群众日益增长的美好生活需要。

所以，走中国特色社会主义乡村振兴道路，实现农业农村现代化，让农业成为有奔头的产业，让农民成为有吸引力的职业，让农村成为安居乐业的美丽家园，这是我国社会主义本质决定的。

那么，在新时代下如何推进乡村振兴战略呢？

第六章　破旧立新
——走中国特色的乡村振兴之路

> 乡村振兴的本质是解决新时代我国社会主要矛盾，解决农业农村发展不平衡、不充分的问题，实现农业农村的现代化……

第一节　牢牢把握乡村振兴的两个"必须"

乡村振兴必须紧扣当前社会发展的主要矛盾，必须建立公平的集体产权利益分配制度，才能充分解决农业农村发展不平衡不充分问题。

乡村振兴战略是习近平同志 2017 年 10 月 18 日在党的十九大报告中提出的。十九大报告指出，农业农村农民问题是关系国计民生的根本性问题，必须始终把解决好"三农"问题作为全党工作的重中之重，实施乡村振兴战略[1]。

乡村振兴战略是基于我国农村目前的发展阶段以及当前社会的主要矛盾而提出的国家战略。我国不仅是世界上人口第一大国，还是农业人口第一大国。1949 年我国有 4.84 亿人口在农村，2016 年我国农村常住人口仍有 5.9 亿，2018 年年末为 5.64 亿，这还不包括外出务工经商的流动人口。即

---

①　习近平强调，贯彻新发展理念，建设现代化经济体系 [EB/OL].(2017-10-18)[2021-06-16].
http://www.gov.cn/zhuanti/2017-10/18/content_5232647.htm.

使将来我国人口城镇化率不断提高达到 70%，也仍有 4 亿多人生活在农村，如此庞大规模的人口在农村生产生活，直接关系整个国家的繁荣与稳定。实现共同富裕是社会主义制度的本质要求，乡村振兴是减小城乡差距、贫富差距、全面建成小康社会的重要举措，也是中国共产党的立党初心和执政宗旨。因此，从这个意义上讲，乡村振兴战略不仅关系到农民的生存与发展，更关系到国家富强、民族振兴与人民幸福。

乡村振兴的目的就是增进农民福祉，实现农业强、农村美、农民富，让改革发展成果更多更公平地惠及广大农民。

所以，乡村振兴战略的提出具有划时代意义，也必将对我国农业的发展和农村建设产生革命性的影响。乡村振兴战略的目标也很明确，那就是要实现两个现代化，即农业与农村的现代化。在农业的现代化上，我们走的是中国特色的现代化农业道路，笔者在第五章中已经讲得很清楚。而谈及农村的现代化，我们实现的路径是什么呢？

党的十六届五中全会提出了"建设社会主义新农村"这一时代课题，强调建设社会主义新农村是我国现代化进程中的重大历史任务，要按照生产发展、生活富裕、乡风文明、村容整洁、管理民主的要求，扎实稳步地加以推进。党的十七大报告进一步强调要"统筹城乡发展，推进社会主义新农村建设"[①]。

党的十八大以来，以习近平同志为核心的党中央坚持把解决农业、农村、农民问题，建设社会主义新农村作为重中之重。在党的十九大报告中对乡村振兴战略进行了概括，提出要坚持农业农村优先发展，按照产业兴旺、生态宜居、乡风文明、治理有效、生活富裕的 20 字总要求，建立健全城乡融合发展体制机制和政策体系，加快推进农业农村现代化。其中，农

---

① 许震. 建设社会主义新农村 [EB/OL]. (2012-11-02) [2021-08-15]. http://cpc.people.com.cn/18/n/2012/1102/c351073-19470287. html.

业农村现代化是实施乡村振兴战略的总目标，坚持农业农村优先发展是总方针，建立健全城乡融合发展体制机制和政策体系是制度保障。

乡村振兴战略 20 字总要求与建设社会主义新农村的内容更是如出一辙。比如产业兴旺是实现乡村振兴的基石，也是生产发展的根本；生态宜居、乡风文明无不是体现在改善农村环境，提高农民整体素质，实现民风民俗的与时俱进；治理有效则是为了加强农村基层党组织建设，深化村民自治，健全村民自治制度；生活富裕是乡村振兴的目标，也是新农村建设的核心宗旨。

所以，无论是建设社会主义新农村，还是当前实施乡村振兴战略，都是为了振兴农业，建设农村，推进我国农业农村的现代化。

那么，从更深层面看，走中国特色的乡村振兴之路的"特色"之处在哪里？笔者认为有两个"必须"是需要牢牢把握的。

其一，乡村振兴战略必须紧扣当前社会发展的主要矛盾

党的十九大报告指出，新时代我国社会主要矛盾已转化为人民日益增长的美好生活需要和不平衡不充分的发展之间的矛盾，这是与以往新农村建设相比最大的"特色"。

在过去，我国社会主要矛盾是人民日益增长的物质文化需要同落后的社会生产之间的矛盾，说到底是物质匮乏，生活不富裕，生产力水平低。所以在改革开放的旗帜下，在"时间就是金钱，效率就是生命"的深圳速度下，在"不管黑猫白猫，能捉老鼠的就是好猫"的发展观下，社会生产力有了"跑步式"发展，物资需求得到了满足，也让一部分人率先走向了富裕，这是一切以效率为中心、以发展就是硬道理为目标的结果。

改革开放的初衷是让一部分人、一部分地区先富起来，以带动和帮助其他人和落后地区的人，最终达到共同富裕。同快速推进的工业化、城镇化相比，我国农业农村发展步伐还跟不上，"一条腿长、一条腿短"问题比较突出。因此，我国发展最大的不平衡是城乡发展不平衡，最大的不充分是农村发展不充分。

为此，党的十九大明确指出要着力解决好发展不平衡不充分问题，这也是当前我国社会主要的、最核心的问题，也只有解决好"三农"领域发展的不平衡不充分问题，才能解决好中国整体发展的不平衡不充分问题。

为什么要搞精准扶贫？为什么要实施乡村振兴战略？什么叫"牢记使命，不忘初心"？党的十九大报告明确指出："中国共产党人的初心和使命，就是为中国人民谋幸福，为中华民族谋复兴。"在新时代下，社会的主要矛盾改变了，唯一不变的是我们的使命和初心，从过去让一部分人先富裕起来，到现在带领全国人民告别贫困、跨越温饱，实现全面小康，走向共同富裕，这才叫不忘初心。

由此可见，实施乡村振兴战略就是解决人民日益增长的美好生活需要和不平衡不充分的发展之间的矛盾的必然要求，也是实现"两个一百年"奋斗目标、实现全体人民共同富裕的必然选择，更是中国共产党性质和宗旨的集中体现。

因此，解决"三农"问题，不仅仅是要解决农业、农村的问题，更重要的是要解决数量如此庞大的农民的福祉问题，即让农民富起来。

习近平总书记曾说："没有农业现代化，没有农村繁荣富强，没有农民安居乐业，国家现代化是不完整、不全面、不牢固的。"① 所以，实施乡村振兴战略就是要让改革开放的成果为广大人民共同享有，让改革红利惠及全体人民，这一点毫无疑问是正确的，也符合广大人民的根本利益。

从这一角度来看，乡村振兴战略必须紧扣当前社会发展的主要矛盾，充分解决农业农村发展不平衡的问题。同时，乡村振兴必须与新时代中国

---

① 习近平指出：没有农村繁荣富强 国家现代化是不牢固的［EB/OL］.（2014－12－16）［2021－08－15］.http://cunguan.youth.cn/2014/1216/788119.shtml.

特色社会主义道路保持高度一致，体现习近平新时代中国特色社会主义思想，即以人民为中心，为人民谋福祉。

这个"必须"是由我国的基本国情和社会发展的阶段性特征决定的，也是由经济发展规律决定的。只有牢牢把握这个"必须"，乡村振兴才能真正体现中国特色社会主义的宗旨，才能全面振兴中国农村。

其二，实施乡村振兴战略必须建立集体产权下公平的利益分配制度

中央农村工作领导小组原副组长陈锡文曾在清华大学做报告时提出：农村问题很复杂，但无非就是四件事情——第一件事是要保证粮食和其他重要农产品的供给，第二件事就是要完善农村的土地制度，第三件事就是要提高农民的组织化程度，第四件事就是要千方百计地增加农村的收入[1]。

但在农村，陈锡文同志还有一件很重要的事没有提到，那就是农村集体产权分配制度。在经历40年的改革开放后，客观上讲，我国农民生活水平提高了很多。从当前很多农村地区农民的自建房就可以看出，虽然房子不太美观，但也算得上是"土洋房"了，这说明农民的收入还是有了实质性的改变。但这个收入的增长却不是来自农村务农，而是来源于外出务工所得，是改革开放下密集型劳动力需求的"人口红利"，说白了农民赚的是辛苦钱。

在过去改革开放几十年中，我们依靠农村劳动力、土地等要素，快速推进工业化、城镇化，大量农民进城务工，他们用自己的汗水推动了中国城市化建设，用廉价劳动力推动了我国工业化发展，使我国经济增长突飞猛进，城市化建设日新月异，他们为推进我国工业化、城镇化做出了巨大贡献。但另一方面，这些数亿农民尤其是大部分青壮年劳动力外出，农村留下来的都是老人、儿童、妇女等劳动弱势人群，农村的建设几乎处于停

---

[1] 陈锡文.陈锡文：农村土地改革不能突破三条底线［EB/OL］.（2014-02-17）［2021-06-16］. https://www.zgxcfx.com/Article/64138.html.

滞状态,于是乡村的"衰败感"越来越明显,"回不去的农村,挥不去的乡愁"成为时下社会的一种写照。

所以,在以往对农村的反哺过程中,政府能做的就是以工补农,以城促乡不断加大对农村基础设施的投入,如修建水利设施、村村通路,尤其是加大了对农村教育、医疗投入的力度。于是我们看到农村的道路越来越宽,水利设施越来越完善,农民看病也容易起来。但很多农民并没有真正富裕起来,因为农民的增收问题没解决,还是需要外出打工才能养家糊口,农民依然是处于勤劳而不致富的状态。

如果按照以往城镇化、工业化的模式,城乡的不平衡问题还是解决不了,最后也一定会在农村再次上演"一部分农民先富裕起来"的雷同剧。正是在这样的背景与发展阶段下,党的十九大提出了乡村振兴战略来全面振兴农村。

所以在新时代下,要落实乡村振兴战略就必须建立起集体产权下公平的分配制度。那么,什么叫集体产权下公平的分配制度呢?

这就好比一家企业要到农村投资农产品加工项目,于是租用当地的集体用地建加工厂,聘请当地的村民来做工,企业支付工资与土地租金给农民,这跟以往的招商引资发展工业的模式没有什么两样。按照这种模式,这家企业的经营收益与本村的发展关系不大,即便是企业一年利润达到千万元,或者未来成为上市公司,村民的收入也无非是劳务的收入加上归于集体的土地租金。这就会导致社会整体发展不平衡的结果,企业赚钱了,但农民的收入并没有提高多少,农村的建设也没得到多少改善。

乡村振兴战略的不同之处就在于,它是全方位地振兴农村产业、人才、文化、生态、组织等,是一个全面建设社会主义新农村的生态系统,它不仅仅是一个经济发展问题,更是一个社会建设问题、生态保护问题、乡村治理问题。

这就是要建立集体产权下公平的分配制度的原因。只有通过集体产权制度改革，将农村的集体资源变成农民的资产，让农民切切实实获得除劳务以外的资产性收益，才能让农民的收益最大化，才能更好地解决贫富差距和全面发展问题。

我们再看看全国十大富裕村，无论是南街村还是华西村，又或是当前的六盘水，它们的村民基本上都有资产性收入，通过集体产权制度的改革让资产入股，实现资产收益的共享。

所以，发展集体经济，只有从产权上赋予农民资产性收入，建立公平的利益分配制度，才能彻底缩小贫富差距、彻底解决城乡发展不平衡的问题。

当然，建立集体产权下公平的分配制度不是只局限于集体村办企业，像六盘水的"三变"模式就很好地处理了私有企业与集体经济的关系，通过集体资源的入股，进行股份制合作，利用民营企业的市场运营优势实现资源的市场化配置，从而推动了集体经济的发展，提高了效益，建设好了农村。

当前我国经济总量稳居世界第二，社会生产能力在很多方面进入世界前列，但是我们城乡之间的差距还比较大，中国有 3 万多个乡镇 60 万个村民委员会 317 万个自然村，农业人口多，基础薄弱，农村的情况千差万别。

发展农业是效率问题，但建设新农村，振兴乡村，尤其是建设中国特色的社会主义新农村，走中国特色的乡村振兴之路更多是公平问题。公平问题怎么解决？那就是要建立起集体产权下的公平的利益分配制度，这样才能缩小贫富差距、城乡差距。在这一点上六盘水的"三变"模式是典范，走在了全国的前列。

第二节 基于集体经济的"五大振兴"

乡村振兴战略是通过打通城乡的供需，将城市消费与农村产业链接起来，从而建立一个巨大的内需市场，这叫"向内求"，也叫内循环。

什么叫乡村振兴？乡村振兴总结起来无非就是五句话：实现产业兴旺，生态宜居，乡风文明，治理有效，生活富裕。乡村振兴目标是实现农业农村的现代化，并通过五大振兴，即产业振兴、乡村人才振兴、乡村文化振兴、乡村生态振兴和乡村组织振兴的途径实现。

为什么说要在集体经济下实现这五大振兴？或者说为什么乡村振兴必须建立在中国特色的集体经济基础之上？

首先，乡村振兴一定是"造血式"振兴而不是"输血式"扶持。

过去我们发展农业、建设农村一直沿用工业反哺农业、城市反哺农村的思路。因为农村穷，城市富裕了就要"反哺"农村，但以当前中国这么庞大的农村人口与分布面积，通过"反哺"的模式来发展农业、建设农村，最后发现这是一个"无底洞"，怎么填都填不满。因为我们的农业人口基数太大，农村分布太广，国家每年上千亿元的农业补贴资金，起到的效果只不过杯水车薪。

所以，乡村振兴一定是先发展产业，再建设农村，一定要具备自我"造血"的功能，否则农村的建设就成了无源之水，无法持续。由于农村集体经济具有很好的产业化优势，能很好地集中力量办大事，更好地推动农村资源的产业化；相应地，建立在个人产权下的资源由于过于分散，集中起来的成本太高，阻碍了产业规模的发展，这在小岗村的"单干"，南街村、华西村的集体经济模式中得到很好的证明。

其次，农村建设的主体是村集体。

乡村振兴战略不仅是一个发展乡村经济的课题，还是一个乡村基层建设与治理的问题。实施乡村振兴战略就是要解决"不平衡不充分的发展"问题，这个"不平衡不充分"不仅仅体现在经济发展水平上，还涉及文化教育、生态环境、乡村治理、贫富差距等多方面，是多层次的社会化问题，而解决这些问题需要同时具备社会化治理能力和经济运行能力，即：它既是一个经济运行中心，也是一个基层政权管理体系；既要能产生经济效益，又能把基层群体组织起来。其本质上是一个以经济为中心的社会治理体系。

从这个意义上看，唯有基于集体经济的村集体才具备这个条件和能力。作为招商而来的民营企业，其以营利为目的，没有这个义务和职责；地方政府因为经济与行政的分离，不可能有这么多的财政投入来支持乡村建设，所以唯一的办法就是靠村集体自己发展产业，建设乡村。这就是南街村、华西村能发展起来的原因。换句话说，他们只有依靠发展和壮大集体经济才有经济基础建设自己的乡村。

那么，什么是中国特色的村集体经济？新时代中国特色的集体经济是以市场化的方式盘活农村集体资源，将村集体资源作价入股新型农业经营主体，这个经营主体可以是民营企业、村办企业、国资企业甚至外资企业，将集体资产的使用权、经营权分离，让市场实现资源的优化配置，村集体则保留集体资产的收益权，按照所持股权比例获得相应收益，在集体和村民之间进行合理公平的利益分配。

通过这种市场配置资源方式，盘活农村分散和闲置的资源、不断壮大村集体经济、增加村集体与农民的财产性收入，这样反过来才有资金和资源持续建设乡村。

产业振兴：挖掘优势特色产业，发展壮大集体经济

为什么要把产业振兴放在第一位？经济的持续增长一定要建立在产业发展的基础之上，没有产业的支撑，经济发展就成了无源之水，必然枯竭。所以，产业振兴是农村经济发展的"内核"驱动与"造血"系统。乡村振兴不是靠政府投资推动，也不是靠消费拉动，而是要以产业为基点，通过打通城乡的供需，将城市消费与农村产业链接起来，将过去"城市反哺农村"的输血模式变成"城市消费农村"的造血模式，实现产业兴旺。这叫"向内求"，也叫内循环，是解决城乡发展不平衡不充分问题的可持续之道。

中国既是一个人口大国，也是一个潜力巨大的内需市场，尤其是在当前新冠肺炎疫情之下，经济内循环是农村产业对接城市需求的巨大契机。当前我们很多农村有良好的资源，水美草肥风光好，但是并没有将其发展为地方优势产业，并没有将其与消费市场链接起来，导致资源处于"沉睡"状态。其主要原因有两点：一是过去我国社会主要矛盾还没有发生改变，消费需求结构没有升级，大部分处于刚刚解决温饱问题的初级阶段；二是发展农村产业成本太高，尤其是通过企业自身投入，回报周期长，经营风险大。

所以，产业振兴有两个核心要点：一是要推动农村资源的产业化，要把农村的资源整合起来发展成为产业，只有产业化才能走向大市场，才能推动城乡市场大流通，实现城市对接农村；二是要发展和壮大集体经济，只有通过集体经济的参与，将资源变成资本，将资金变成股金，将农民变成股东，才能降低产业化的成本，才能实现产业的规模化与市场化。同时，发展和壮大集体经济才能有能力、有经济基础去建设新农村，才能更好地推动城乡经济的内循环。

产业兴旺是乡村振兴的重要支撑，是解决农村发展问题的前提，没有产业振兴，新农村建设就失去了支柱。那么，产业振兴到底振兴哪些产业

呢？在产业发展问题上，笔者认为有两个原则需要坚持：

一是因地制宜，突出地方优势与特色。产业振兴就是对资源的挖掘与整合，通过规模化来降低生产成本，从而提高产业的竞争力。按照经济学原理，那就是要建立比较竞争优势。在产业振兴上，最大的特点是突出优势特色，培育壮大乡村产业。比如做强现代种养业，做精乡土特色产业，建设特色农产品优势区，推进特色农产品基地建设等。

习近平总书记指出，产业是发展的根基，产业兴旺，乡亲们收入才能稳定增长。要坚持因地制宜、因村施策，宜种则种、宜养则养、宜林则林，把产业发展落到促进农民增收上来。按照《国务院关于促进乡村产业振兴的指导意见》，乡村产业根植于县域，以农业农村资源为依托，以农民为主体，以农村一二三产业融合发展为路径，地域特色鲜明、创新创业活跃、业态类型丰富、利益联结紧密，是提升农业、繁荣农村、富裕农民的产业①。

我们知道草莓种植分冬夏两季。在地处乌蒙山的云南省会泽县，海拔较高、气候冷凉，适合夏草莓种植。我国以种植冬草莓为主，会泽县的夏草莓恰恰填补了生产的空白期。冬草莓的生产期较短，而夏草莓有长达半年以上的采摘期，加之会泽县充沛的光、热、水资源，为发展夏草莓带来了独特优势。该县种植了上万亩夏草莓，年营业收入突破1亿元，种出的夏草莓供不应求。夏草莓采摘期长、产量高、效益好……夏草莓平均亩产量可达1.8吨左右，一亩产值接近4万元，能够带动农户就业增收，普通工人务工一年的收入都能达到2万元以上。近年来，尝到了产业发展甜头的会泽县不断加大农田基础设施建设力度，仅待补镇就开展土地综合治理和交通、水利、电力等基础设施建设项目100余个，改造中低产田地5万余亩，提高

---

① 国务院关于促进乡村产业振兴的指导意见[EB/OL].(2019-06-28)[2021-06-16].http://www.gov.cn/zhengce/content/2019-06/28/content_5404170.htm.

土地产能，有效改善了农业生产条件①。

又如，广西永福县是我国传统的罗汉果主产地，因气候土壤适宜，其产出的罗汉果硒、氨基酸等含量较一般罗汉果高。早在1995年，该县就被农业部（现农业农村部）命名为"中国罗汉果之乡"。该县紧扣"福寿、富硒、生态"产业特色，打造罗汉果全产业链，激活贫困群众增收脱贫致富源；探索"公司（专业合作社）+基地+农户"经营模式，引导龙头企业和罗汉果专业合作社与种植户采取统一良种、统一农资配送、统一标准化种植、统一信息共享、统一品牌、统一销售"六统一"的经营模式发展产业，形成罗汉果种植、研发、加工、贸易融合发展的全产业链发展格局。目前，全县罗汉果种植面积稳定在12万亩，年产量约12亿个，产值约12亿元，涉及罗汉果产业总产值达30多亿元②。

二是坚持市场导向，政府协助。从经济学角度看，一个产业的发展与壮大，最终由市场的广度和宽度决定，市场让产品以低成本的交易方式满足消费，通过市场价格来引导和调节供需关系，实现交易成本的最小化。因此，要充分发挥市场在资源配置中的决定性作用。

为什么又需要政府协助呢？按照自由经济学的理论，市场自由竞争才更有利于产业的发展，政府的参与往往会破坏自由竞争的规则，打击企业的积极性，不利于经济的健康发展。但我们往往忽视了市场运作是有成本的，尤其是在农业的市场化领域，由于高昂的市场制度成本，很多资源无法走向市场，只能处于"沉睡"的状态，造成了资产的闲置与"浪费"。政府的协助更多是通过行政方式来降低市场运作的成本，从而更好地市场化，

---

① 科学规划谋布局 因地制宜增活力 特色产业，在乡村"生长"[EB/OL].（2021−04−13）[2021−06−16].http://www.gov.cn/xinwen/2021/04/13/content_5599188.htm.
② 李小林，陶红.永福罗汉果产业链激活致富源[N/OL].广西日报，2020−09−28[2021−06−16].http://gxrb.gxrb.com.cn/html/2020/09/28/content_1718052.htm.

而不是用行政取代市场、破坏市场规则。

比如在六盘水的"三变"改革中，就是以市场为导向来激活"沉睡"的资源，以"无形之手"来实现资源的规模化与产业化，同时利用政府的"有形之手"来集合资源，协助市场这只"无形之手"。

因此，在产业振兴中，要更好发挥政府的支持作用，引导形成以农民为主体、企业带动和社会参与相结合的乡村产业发展格局。

乡村人才振兴：培养具有专业技能的职业农民

无论是产业兴旺、生态宜居，还是乡风文明、治理有效，每一个方面都离不开人才。人才兴则事业兴，人才强则乡村强。乡村振兴的关键是人才振兴，人才振兴的重点是培养一批具有专业技能的职业农民。

长期以来，随着城市经济的快速发展，农村剩余劳动力大量流入城市，造成农村人口的流失。加之我国城乡发展不平衡、农村发展不充分的原因，城市对农村人才的"虹吸"效应明显，青壮年纷纷流入周边工厂或城市务工，留守村民基本上是儿童、妇女和老人，导致目前我国农村后备劳动力出现断层，农村人才匮乏。年轻人不想务农、不爱务农、不会务农的现象较为突出，"明天谁来种田""谁来建设乡村"等现实问题已经摆在面前，这已成为制约农村社会发展的瓶颈之一。

实施乡村振兴战略，首先必须从根本上树立"人才是第一资源"的理念。要充分认识人才在乡村振兴中的主体地位，把乡村人才振兴放在乡村振兴的重要位置，培育一大批新型职业农民，打造一支强大的乡村振兴人才队伍，为加快推进农业农村现代化提供坚实的人才支撑。

其次，乡村振兴的关键是要培养一批懂技术、有专业知识的新型农民。其主要特征，就是习总书记定义的"爱农业、懂技术、善经营"。他们应是以农业为主业，生产水平高，并且以农业为主要收入来源的农民。因此，在人才振兴中要培育一大批有文化、懂技术、会经营、能创新的新型职业农民，为乡村振兴提供坚实的人力资源保障。

在人才评判中，则要做到"英雄不问出处"，不唯学历资历、不唯论文奖项，关键是要有过硬的农业技能和生产实践经验。比如前不久，在浙江省农业农村厅发布的农业正高级职称评审结果中，有4人为职业农民。要让那些有能力、有实践、懂农业的"土专家"成为乡村振兴的参与者。我们既需要科技人才、管理人才，也需要能工巧匠、有号召力的致富"带头人"，还需要善经营的"农创客"、懂技术的"田秀才"。唯有积极推动农村人才评价机制变革，破除唯学历、唯资历、唯论文、唯奖项倾向，才能广开进贤之路，广纳天下英才，让土生土长的乡土人才、四面八方的下乡人才留得安心，发展更有信心①。

同时，要创新乡村人才工作体制机制，充分激发乡村现有人才活力，把更多城市人才引向乡村创新创业。如鼓励外出能人返乡创业，鼓励大学生村官扎根基层，吸引更多的青年人选择基层。通过加强校地合作、专地合作，招考公务员、"三支一扶"、大学生村官、西部计划志愿者等方式，引导和鼓励优秀高校毕业生到乡村工作，为乡村振兴提供"源头活水"。

比如，山东省泰安市在乡村振兴过程中，积极部署实施"五乡"行动，举荐10万名新"乡才"植乡治理，回请1万名经济能人归乡兴业，引进5 000名大学生返乡创新创业；每两年选派1 000名第一书记驻乡帮扶；遴选1万名实用技术人员跨乡服务，以乡情、亲情、友情为纽带，引导各级各类人才向乡村一线流动，最终实现全面小康和乡村振兴。

浙江省从2019年开始实施"两进两回"行动，即科技进乡村、资金进乡村，青年回农村、乡贤回农村。鼓励支持青年回乡参与乡村振兴、发展产业，培育一批青年"新农人""农创客"。目前，仅杭州市临安区就有高

① 徐驭尧. 人民日报人民时评：为乡村振兴培养更多人才［N/OL］. 人民日报，2020－08－27［2021－06－16］. http://opinion.people.com.cn/n1/2020/0827/c1003-31838124.html.

校毕业生、退伍军人、返乡创新创业城市人才等各类"新农人"近600人。他们积极投身新品种种养、新技术开发、新模式管理等领域，"触角"逐渐伸向农村电商、民宿、乡村旅游、文创等附加值更高的新兴产业。"新农人""农创客"等爱农业、懂技术、会经营的人才队伍，正在成为农村创新创业和乡村振兴战略实施的骨干力量①。

人才振兴是乡村振兴的基础，要创建乡村人才工作体制机制，充分激发现有人才的活力，把更多人才引向乡村创新创业中去，培养一批新时代爱农业、懂技术、善经营的新型职业农民。

乡村文化振兴：文化振兴是第二生产力

"让居民望得见山、看得见水、记得住乡愁。"文化是一个民族的根，承载着国家的昨天、今天和明天，只有振兴乡村文化，才能提高乡村社会治理的文明程度，才能更好推动乡村的全面振兴。

如果说发展科技是第一生产力，那么文化振兴就是第二生产力。党的十八大以来，习近平总书记反复强调："文化自信，是更基础、更广泛、更深厚的自信。坚定文化自信，是事关国运兴衰、事关文化安全、事关民族精神独立性的大问题。"②"乡风文明"是乡村振兴的紧迫任务。乡村振兴，既要塑形，更要铸魂;既要看农民口袋里票子有多少,更要看农民精神风貌怎么样③。

推动乡村文化振兴是解决新时代社会主要矛盾、重建乡村文化自信的必然要求。中国特色社会主义进入新时代，实施乡村振兴不仅要让农民

---

① 江南.为乡村振兴提供人才保障（一线视角）［N/OL］.人民日报，2020-12-29［2021-06-16］.http://opinion.people.com.cn/n1/2020/1229/c1003-31981846.html.

② 习近平：文化自信是更基本、更深沉、更持久的力量［EB/OL］.(2019-06-25)［2021-08-15］.http://www.qstheory.cn/zhuanqu/bkjx/2019-06/25/c_1124667671.htm.

③ 曾嘉雯.五问乡村振兴,给你最权威答案［EB/OL］.(2019-06-03)［2021-08-15］.http://www.qstheory.cn/zhuanqu/2019-06/03/c_1124578549.htm.

"住上好房子、开上好车子"，还要满足其精神需求，让其过得有"面子"。现代化不仅仅是生活物质条件的现代化，还是人的素养与思想的现代化，更多是"软件"的现代化。因此，亿万农民对美好生活的需要日益广泛，必须为其提供丰富的精神食粮。

乡村文化是农民生活意义与价值的来源，也是维系乡村秩序、增强农民生活幸福感的源泉。如果农民无法认同乡村文化，就没有乡村文化自信，更谈不上文化的复兴、民族的复兴。

另一方面，乡村文化衰退是我国乡村衰落的重要原因之一。在我国城乡二元经济结构背景下，"去农文化"直接加剧了乡村衰落。比如有人安居农村、志于农业，往往被认为"没本事""没能耐"。加上近几十年的改革放开，人们的重心放在满足物质需求上，对乡村文化建设不够重视，城乡的分割又进一步加剧了乡村文化的衰落，乡村传统道德正面临严峻考验。一些地方的农村不再重视读书和教育，优良的德孝价值观被遗弃，迷信攀比，拜金主义盛行等一些道德失范现象，严重侵蚀着传统乡村文化。

因此，推动乡村文化振兴，加强农村思想道德建设和公共文化建设，以社会主义核心价值观为引领，深入挖掘优秀传统农耕文化蕴含的思想观念、人文精神、道德规范，才能改善农民的精神风貌，提高乡村社会文明程度，真正实现农村的现代化。

随着时代的发展，文化作为一种特有的生产要素，与土地、劳动力和资本等传统要素一样，越发成为乡村产业振兴的关键因素。因此，必须将乡村振兴与传统文化结合起来，让传统村落、特色古镇、民族村寨、古建遗存等蕴含浓郁乡土文化气息的载体"活起来"，实现一、二、三产业融合发展，提升乡村产业附加值。

比如，发展以独特文化资源为核心的特色文化产业，农民在乡村不仅可以继续耕田种地，而且可以从事文化旅游、文化服务、民间工艺品加工、民俗风情演出等第三产业，这样不仅可以提高农民的收入，推动当地经济发展，还可以持续改善乡村的人文环境。这种"产业＋文化"的模式，振兴了乡村文化，推动了传统产业的发展，增加了农民的收入，推动了新农村建设。

贵州省黔东南苗族侗族自治州榕江县以传统非遗技能培训助推脱贫振兴。当地依托刺绣和蜡染"文化遗产"的传统文化优势，积极开展"绣娘""非遗"技能培训，使得当地 7 000 多名家庭妇女掌握了一技之长，苗族"百鸟衣"、侗族盛装等手工艺品受到游客热捧，人均年增收超万元，从此告别了多年的贫困。

山东曲阜以"文化＋"助推乡村振兴，"福禄"葫芦走出山沟。位于曲阜市吴村镇的葫芦套民俗村历史文化悠久，民风民俗独特，是山东省首批传统村落、山东省首批宜居村庄。葫芦套以"福""禄"而闻名，然而空守着资源优势，不加以发掘利用，葫芦套村渐渐荒芜衰败，成了"穷山沟"的代名词。

该村两委干部悟出一个思路：乡村发展得留住根脉，葫芦套村要发展，还是得靠"福禄"文化。从 2008 年开始，徐宏带领村民从试点葫芦种植到大面积种植，从修复部分农家院落到实施"优宿"建设项目，发展农家乐24 家。村里充分发挥山村传统民俗传承保留完整的优势，建起了乐和家园、儒学讲堂等特色民俗体验小院，以儒家经典、葫芦文化为主题建设文化景点，独特的儒韵乡风让游客流连忘返。葫芦套民俗村的乡村旅游度假模式渐渐成型，并成为曲阜文化国际慢城重要景区，村民们也享受到了"福禄"文化带来的福利，增加了收入。与葫芦套民俗村同样以"乡村游"闻名的，在曲阜还有石门山镇周庄村、石门山镇梨园村、吴村镇平安寨村等20 多个民俗村。他们虽各具特色，但同样的是，都保留着各自传统文化的基因。息陬镇东夏侯村的石雕畅销全国各地，大庄传统工艺制品琉璃瓦饮誉海内外……一个个富有文化内涵、拥有竞争力的特色村不断涌现。目前，曲阜市已培育各类文化产业特色村 50 余个。

"传统文化只有与现代文明相结合，从文化振兴里挖掘出产业振兴的元素，乡村才能更好地振兴起来。"曲阜市委书记刘东波说，文化传承是乡村振兴的根脉，下一步，曲阜市将深入挖掘文化元素，实现文化振兴与产业振兴的深度融合，让一个个乡村在保留文化根脉的同时，重新焕发出生机与活力[①]。

乡村生态振兴：绿水青山就是金山银山

在生态振兴上，我们始终要明确经济发展与生态保护之间的辩证关系，即"我们既要绿水青山，也要金山银山。宁要绿水青山，不要金山银山，而且绿水青山就是金山银山。"[②] 生态宜居是乡村振兴的内在要求，是乡村振兴的支撑点，实践表明，没有良好的生态，新农村建设、农民致富就不可持续。

在浙江安吉余村，习近平首次明确提出了"绿水青山就是金山银山"的理论。2005 年的 8 月 15 日，时任浙江省委书记习近平同志来到浙江安吉余村进行调研，当听到村里下决心关掉了石矿，停掉了水泥厂，习总书记对此给予了高度的肯定，称他们这是高明之举。他说："一定不要再去想走老路，还是要迷恋过去那种发展模式。所以刚才你们讲到下决心停掉一些矿山，这个都是高明之举，绿水青山就是金山银山。我们过去讲既要绿水青山，也要金山银山，实际上绿水青山就是金山银山，本身，它有含

---

① "文化"助推乡村振兴！曲阜培育 50 余个文化产业特色村［EB/OL］.（2019-09-16）［2021-08-15］.https://baijiahao.baidu.com/s？id=1644799178585933366&wfr=spider&for=pc.

② 魏建华，周良.习近平发表重要演讲 吁共建"丝绸之路经济带"［EB/OL］（2013-09-07）［2021-06-16］.http://cpc.people.com.cn/n/2013/0907/c64094-22841981.html.

金量。"①

调研余村之后，习近平以笔名"哲欣"在《浙江日报》头版"之江新语"栏目中发表《绿水青山也是金山银山》短评，文中指出，我们追求人与自然的和谐，经济与社会的和谐，通俗地讲，就是既要绿水青山，又要金山银山。"绿水青山可带来金山银山，但金山银山却买不到绿水青山。绿水青山与金山银山既会产生矛盾，又可辩证统一。"

2006年3月在中国人民大学的一次演讲中，习近平深度剖析了"绿水青山"与"金山银山"的关系。他说："在实践中对绿水青山和金山银山这'两座山'之间关系的认识经过了三个阶段：第一个阶段是用绿水青山去换金山银山，不考虑或者很少考虑环境的承载能力，一味索取资源。第二个阶段是既要金山银山，但是也要保住绿水青山，这时候经济发展和资源匮乏、环境恶化之间的矛盾开始凸显出来，人们意识到环境是我们生存发展的根本，要留得青山在，才能有柴烧。第三个阶段是认识到绿水青山可以源源不断地带来金山银山，绿水青山本身就是金山银山，我们种的常青树就是摇钱树，生态优势变成经济优势，形成了浑然一体、和谐统一的关系，这一阶段是一种更高的境界。"②

生态兴则文明兴，生态衰则文明衰，环境如水，发展似舟。水能载舟，亦能覆舟。经济发展与环境保护其实就是"舟水关系"。这也更好地解决了在产业振兴与生态保护之间的取舍难题。

推动乡村振兴，要立足于生态优势，深入践行绿水青山就是金山银山理念，让良好生态成为乡村振兴的支撑点。山东省日照市作为全国生态保护与

---

① 姚茜，景玥.习近平擘画"绿水青山就是金山银山"：划定生态红线 推动绿色发展[EB/OL].(2017-06-05)[2021-06-16].http://cpc.people.com.cn/n1/2017/0605/c164113-29316687.html.

② 姚茜，景玥.习近平擘画"绿水青山就是金山银山"：划定生态红线 推动绿色发展[EB/OL].(2017-06-05)[2021-06-16].http://cpc.people.com.cn/n1/2017/0605/c164113-29316687.html.

建设典型示范区之一，坚持把生态振兴作为先导性工程，大力实施"生态立市"战略。近年来，日照市五莲县在"生态+体育"方面持续发力，着力打造青山太极、登山健身等赛事；莒县致力于发展花卉产业，开发出鲜切花、玫瑰干花、玫瑰茶等系列产品；东港区依托近郊优势，大力发展精品民宿。目前，全市已打造乡村文化、采摘旅游带 20 多个，2018 年乡村旅游接待游客超过 2 000 万人次，蓬勃发展的生态产业正成为推动乡村振兴的新动能。

实践证明，农村生态环境好了，生态农业、养生养老、森林康养、乡村旅游就会红火起来，土地上就会长出"金元宝"，生态产业就会变成"摇钱树"，田园风光、湖光山色、秀美乡村就可以成为"聚宝盆"。推动乡村振兴，要以生态产业化带动乡村居民增收致富，做好做活"生态+"这篇大文章，在保护生态环境中发展经济、在经济发展中保护生态环境，让广大乡村既添生态颜值，又增经济价值①。

2020 年，习近平总书记在陕西考察时指出："人不负青山，青山定不负人。绿水青山既是自然财富，又是经济财富。"② 乡村振兴，既要生态振兴，也要产业振兴，更重要的是在保护生态基础上推动产业振兴，即推进乡村的产业生态化和生态产业化。贯彻新发展理念，保护好乡村生态，建设好美丽中国，才能不断实现人民群众对美好生活的向往。

乡村组织振兴：组织振兴是乡村振兴的根本保证

历史已经证明，大海航行靠舵手，乡村振兴靠组织，农村要发展，农民要致富，关键靠支部。乡村未能振兴的关键原因，并非缺少资金、技术、劳动力，更不是缺少农业资源，而是缺少最为关键的组织。尤其是对于我

---

① 齐家滨. 人民日报治理之道：让良好生态成为乡村振兴的支撑点 [N/OL]. 人民日报，2019-08-05 [2021-06-16]. http://opinion.people.com.cn/n1/2019/0805/c1003-31274879.html.

② 王浩. 人不负青山 青山定不负人 [N/OL]. 人民日报，2020-05-07 [2021-08-15]. http://cpc.people.com.cn/n1/2020/0507/c419242-31698919.html.

们这样农业人口基数大、分布广的国家，要充分发挥基层党组织的战斗堡垒作用，没有组织振兴就没有产业振兴，更不会有人才振兴、文化振兴、生态振兴。

为什么有人说农村变得衰败？因为过去在重城轻乡的二元体制下，农村基层组织比较薄弱，加之改革开放后人口的外流，农村人口大量往城市集中，年轻人到城市就业，能人不愿意回农村，使农村空心化、农业边缘化、农民老龄化、基层组织薄弱化。

在缺乏强而有力的组织引导和教育下，农村各种问题不断呈现。在一些地方基层党组织薄弱的地区，往往容易滋生黑恶势力和宗族势力，乡村秩序由此遭到破坏。此外，越来越多的农村青壮年劳动力进城务工，农村地区不同程度地出现"空心化"问题。缺少能干事、有担当的青壮年，农村经济也因此受到较大影响；留守妇女、留守老人、留守儿童缺乏组织的关怀与引导，由此形成一些不良的社会风气，特别是一些儿童因此而失学甚至走上歧途——农村的状况着实令人担忧。

在乡村振兴的大战略下，农村要改变局面，必须建立健全强有力的农村基层组织——农村基层党组织、村民自治组织和村级集体经济组织，这三个农村最重要的基层组织必须加强。基层组织健全了，才有力量领着农民干，也才有能力带领农民致富。

正所谓"农村富不富，关键看支部；支部强不强，关键看'头羊'"，乡村振兴离不开基层党组织，广大党员要发挥战斗堡垒和先锋模范作用。

后池村位于河北省邯郸市涉县东部，距县城51千米，距乡政府驻地16.2千米，自然条件艰苦，全村365户1 200人，共有916亩梯田，石多地少，收入低下，曾经是典型的穷山村。2016年，在村党支部的带领下，村里百余位老人钎凿锤击义务修建了6千米致富路，其事不避难、敢为人先、主动作为、艰苦奋斗的精神被称为"新愚公精神"。在"新愚公精神"的激励下，后池村充分发挥党组织的组织引领作用，开始改变贫穷面貌。

闭塞山路变通途。10 余千米的通山公路、20 余千米的梯田天路改变了交通闭塞的状况，全长 14 千米，途径前岩、后岩、曹家、前池、后池 5 个村的中沟新愚公路建成通车。如今，汽车可以直接开进村庄，农业机械可以直接开进梯田。

千亩荒田变良田。一年时间集中修复水毁梯田 1 000 余亩，清理复垦荒废梯田 3 000 余亩，积极打造"中国北方旱作梯田示范区"，并在梯田内栽植了桃、杏、核桃等经果林和中药材，七彩梯田景观呼之欲出。

万亩荒山变青山。在原来山高坡陡、石厚土薄的荒山秃岭上，硬是刨下育林坑 70 余万个，种植侧柏 70 余万棵，成活率达到 95% 以上。

多年来以传统农业生产为主的后池村，如今村中土地全部流转起来，种植了各类果林 3 000 余亩；建起了 600 亩全市面积最大的采摘园；结合乡村旅游成立农宅合作社，打造"后池小院"精品民宿、农家乐 30 多家，带动全村群众人均增收 1 000 元以上……

村子富不富，关键看支部。党的十八大以来，后池村深入学习习近平新时代中国特色社会主义思想，深刻领会中央关于乡村振兴战略的实质要义和方法路径，认真贯彻落实上级领导到村调研指示精神，开启了新时代脱贫致富、改变贫穷面貌的再努力。为统一全村思想，凝聚全民共识，村支部书记刘留根带领党员干部，先后到邢台前南峪、栾卸等村以及广西龙胜梯田考察学习。村党支部一致认为，同是太行山，人家能搞得那么好，自己为什么不行？基于此，全村召开"两委"干部大会，确定用 3 年时间，做好"路、绿、教、富"四篇文章，彻底改变后池村贫困落后面貌。

办好农村的事情，关键在党，关键在党组织的引领带动。后池村之所以能从万千山村中脱颖而出，靠的就是党员干部带领群众事不避难、敢为人先、主动作为、艰苦奋斗。正是这种新愚公精神，感染了村民，也感动了全社会。每一名党员在筑路、修田、植绿、引水的一件件实事中，做得多、说得少、干得实，以身体力行树起了形象，树起了党员干部的引领力、实干力、影响力。一个乡村的发展，需要的就是这种为民情怀和身体力行，以组织振兴推动乡村振兴，党员作用的发挥至关重要①。

组织振兴，是乡村振兴的保障条件。火车跑得快，全靠车头带。习近平总书记在参加全国两会山东代表团审议时也指出："要推动乡村组织振兴，打造千千万万个坚强的农村基层党组织，培养千千万万名优秀的农村基层党组织书记，深化村民自治实践，发展农民合作经济组织，建立健全党委领导、政府负责、社会协同、公众参与、法治保障的现代乡村社会治理体制，确保乡村社会充满活力、安定有序。"② 党的力量来自组织，组织能使力量倍增。实施乡村振兴战略，实现"农业强、农村美、农民富"，必须着力推进组织振兴，建强农村基层战斗堡垒。

由此可见，乡村振兴是包括乡村产业振兴、乡村人才振兴、乡村文化振兴、乡村生态振兴、乡村组织振兴的全面振兴，是"五位一体"总体布局、"四个全面"战略布局在"三农"工作中的体现。这"五大振兴"就是乡村振兴战略实施的核心内容与关键支撑点，也是实现农业农村现代化的根本保证。下一个30年要重点推进乡村振兴战略，到2050年，乡村全面振兴，农业强、农村美、农民富将全面实现。

乡村振兴了，乡村治理将成为最为重要的课题。那么，在新时代下，我们这个拥有五千年农耕文化的大国，又如何推动乡村治理的现代化呢？

---

① 中共邯郸市委研究室，市农工委联合调研组. 组织振兴是乡村振兴的动力引擎——对后池村在新愚公精神激励下实施乡村振兴战略的探索与思考[EB/OL].（2018-11-15）[2021-06-16]. http://dangjian.people.com.cn/n1/2018/1115/c219970-30402776. html.

② 人民日报署名文章：谱写农业农村改革发展新的华彩乐章——习近平总书记关于"三农"工作重要论述综述[EB/OL].（2021-09-23）[2021-10-15].http://www.gov.cn/xinwen/2021-09-23/content_5638778. htm.

第七章　繁荣与稳定
——如何推动乡村治理现代化?

乡村治,百姓安,国家稳!在一个拥有六亿农村人口的大国,推进乡村治理的现代化不仅关系着农村的繁荣与稳定,也决定了国家治理体系和治理能力的现代化!

第一节　重新审视中国乡村治理模式

当传统道德秩序与现代商业竞争发生碰撞时,前者没有足够的时间加以改造,后者又没能建立起与之相适应的现代治理模式,于是传统治理模式与现代社会发生脱节。

在经历四十余年改革开放之后,无论是从沿海到内地,还是从城市到农村,人民物质生活水平都得到了很大的提升,人们在衣食住行上得到了极大的满足。

有人说我们用四十年的时间走完了西方两百年才走完的道路,我们是跑步进入了社会主义市场经济。事实上也是如此,改革开放将一个贫困落后的农业人口大国发展为全世界最大、综合实力最强的发展中国家。在世界上任何一个地方都能看到印着"MADE IN CHINA"的商品,这在历史上是从来没有过的。

中国经济在这种高速增长下也产生了一些不良反应。比如，城乡发展不平衡，现代法治建设滞后，传统乡村秩序遭到破坏，道德伦理滑坡等，这些问题产生的原因是当传统道德秩序与现代商业竞争发生碰撞时，前者没有足够的时间加以改造，后者又没能建立起与之相适应的现代治理模式，于是传统治理模式与现代社会发生脱节，产生众多的不适。这一点在城市与乡村之间表现尤为突出，直接表现出来的就是乡村"衰败感"的加剧。

比经济衰败、产业衰败更可怕的是文化、教育的衰败。前段时间网络上走红的《牧马人》老电影片段受到众多网民的追捧，就很好地说明了这一点。这部30多年前拍摄的表达对纯真爱情、家国情怀、理想与信仰的追求的老电影，勾起了很多人对过去那种纯真的人际关系与价值信仰的怀念，也体现了当前民众在精神文明建设上的缺失。

近些年，为何民众普遍反映乡村在走向"衰败"？其实这个"衰败"不是物质层面的衰败，而是精神层面的衰败。自改革开放后，农民的收入提高了，农村的物质条件大大改进，农村"硬件"基础设施也得到了改善，但在"软件"上依然很欠缺，与之相对应的乡村治理能力没有得到提升，所以乡村"衰败"更多体现在传统秩序、淳朴的民风民俗、乡村教育上的衰败。

比如，当前一些农村赌博现象普遍，红白喜事大操大办，攀比之风盛行。尤其是拜金倾向严重，一些地方结婚的"天价彩礼"已成为约定俗成的顺口溜，如"万紫千红一片绿""一动不动""三斤二两"① 等，而婚后往往因为缺乏感情基础以致婚姻破裂，给家庭、社会带来极大的不稳定性。加之农村中的"三留守"（留守老人、留守妇女、留守儿童）现象导致的家庭教育缺失，读书无用论盛行，"读得多不如赚得多""读得好不如嫁得好"

---

① 赵新兵，潘林青，叶婧.负担不起的"乡村爱情"——部分农民"因婚致贫"现象调查[EB/OL].(2017-01-23)[2021-06-16].http://www.xinhuanet.com/2017-01/23/c_1120370384.htm.

等观念在农村滋生蔓延。

这种文化、教育层面的"衰败"才最值得全社会重视，这也是城乡发展不平衡、不充分的根源性问题。但这些问题显然不是通过发展经济就能解决的，它要通过推动乡村治理的现代化来解决。在这之前，我们有必要去重新审视当前乡村治理模式存在的各种问题。

中国乡村治理经历了从宗族治理到村民自治的变迁

在中国历史上，乡村治理叫"吏治不下乡"，官吏不管农村的社会治理，而是依赖宗法制的宗族治理，这种治理方式一直延续到土地改革。"土改"打倒原本是"宗法领袖"的地主富农后，农村治理方式改成了政社合一的行政化管理，改革开放后又变成村民自治，在这一过程中，如果集体观念淡漠、公民观念淡漠，村民又不太懂法，就会产生一系列不适应[1]。

改革开放后，农村人员的大量流动对原有的依赖宗法制的宗族治理带来了冲击。在历史的长河中，充当宗族领袖的乡绅是发展地方自治、推动基层治理的重要力量。县以下则主要依靠乡绅领导的宗族组织的自治，尤其是在传统乡村，以血缘串联起来的宗族组织遍布中国乡村，成为基层社会治理的主要承担者。

但是土地改革后，尤其是改革开放后，传统的宗族治理显然已不适应新的社会发展。尤其是在市场经济下民众私有产权意识的觉醒，个人产权的独立，以及现代法律制度的普及和完善，使得传统依靠家长制的乡绅治理变得不合时宜。因此，针对乡村的治理，国家及时采取了村民自治的治理模式，并将其写入《中华人民共和国宪法》中赋予其合法地位[2]。

---

[1]　程姝雯. 从事农业 50 年 句句不离 "三农" [EB/OL].（2018－03－16）[2021－06－16].https://www.sohu.com/a/225656157_161795.

[2]　村民自治. [EB/OL].［2021－06－16］.https://baike.baidu.com/item/村民自治/4978256? fr = aladdin.

村民自治，简而言之就是广大农民群众直接行使民主权利，村民委员会是基层群众自治性组织，核心内容是"四个民主"——村级民主选举、村级民主决策、村级民主管理和村级民主监督。

村民自治延续至今已有近40年。很显然，从目前的乡村发展现状来看，村民自治在现实中面对很多问题与不适，主要体现在三个方面。

一、农村人口的"空心化"导致村民自治的"边缘化"

改革开放后30年（1978—2008年），农村人口大规模外流到沿海城市一带务工，大部分以青壮年人群为主，剩下的都是"三留守"（老人、妇女、儿童）人群，人口外流导致农业劳动力数量剧减。于是，农村很多耕地资源处于闲置状态，各种副业更是无人顾及，无论是人口、产业还是土地，均出现"空心化"现象，农村的"空心化"进而又导致村民自治的"边缘化"。

2008年金融危机爆发后，中国进入后工业化时代，市场竞争迫使产业走向转型升级，于是一些加工制造业逐步转移到内地等生产成本低的地区，农村外出务工人群才逐渐出现回流。尤其是伴随近10年内地的城镇化建设快速发展，政府对农业农村的投入加大，农民逐渐可以在离家不远的地方实现就业，这时候村民自治才有了治理的基础。

二、村民自治缺乏强而有力的监督体系

2017年，最高人民检察院印发《关于充分发挥检察职能依法惩治"村霸"和宗族恶势力犯罪积极维护农村和谐稳定的意见》，要求各级检察机关坚决依法惩治"村霸"和宗族恶势力刑事犯罪，突出打击为"村霸"和宗

族恶势力充当"保护伞"的职务犯罪。

乡村治理过去是通过具有公信力的乡贤或者担任宗族领袖的乡绅来实现。按照社会学家费孝通的说法,乡村治理是通过不断"教化"来维系礼治秩序,而维持"礼治"规范的是传统文化。

当村民自治取代了过去的宗族治理后,出现了两个问题:第一,改革开放释放了人的自由,个体在经济上获得了独立,大大降低了对父权制度的依赖。于是,"礼治"传统变得不顶用了,过去强而有力的"礼治"秩序逐渐丧失。第二,村民自治的权力机构是村民委员会,村民委员会由村民自我选举、自我决策、自我管理与自我监督。很显然,这种村级民主自治机制缺乏一个强而有力的领导与监管机构。

因此,30多年的村民自治制度体系,既缺乏行政机构完善的监管体系,也丧失了拥有威望的乡绅人士维系的"礼治"传统,处于一种行政制度与文化监管的"真空"区,加之改革开放后国家的治理重点放在城市化建设与发展经济中,导致乡村治理能力非常薄弱。

随着乡村经济的发展、农村人口的回流,以经济为纽带的宗族恶势力愈发猖狂,一些宗族势力利用其在村中的影响力,操纵选举,贿赂基层官员,把持基础政权,霸占村集体资源,甚至发展成为黑恶势力,欺压百姓,实施违法犯罪行为。有的甚至盘踞一地作恶长达数十年,对基层政权带来了极大的破坏和危害。这也是党中央在扫黑除恶专项斗争中打击"村霸"和宗族恶势力的主要原因。

三、村民自治的主体无法推动乡村治理的现代化

1982年全国人大制定《中华人民共和国宪法》,宣告废除农村人民公社,建立村民委员会。从此以后,执政党和政府在全国范围内推进村民自

治的民主实验，动员亿万农民群众，通过民主选举、民主决策、民主管理和民主监督的办法，实现自我管理、自我教育、自我服务。

村民自治的主体是广大农民群体，其本质是让农民当家做主。很显然，农民不仅是中国最大的一个群体，也是社会的底层人群、弱势群体，同时也是受教育程度较低的一群人。村民自治的出发点是好的，但村民自治的效果并不理想，甚至很多地方运转不起来，成了摆设。过去传统的乡村治理是依靠乡绅能人之士，而现在是通过村民自己选举代表行使权力，一些宗族势力比较强、个人比较有影响力的往往容易变成权力代表。

有一点我们必须承认，农民虽然很淳朴、善良、勤劳，但其现代法治意识和素养还是很欠缺的，尤其离民主政治的要求还有非常长的距离。一方面，以宗法和家族血缘关系为纽带的社会结构已经在共和革命中逐渐瓦解，中华人民共和国成立以后建立的人民公社制度也在改革中解体，残存的传统伦理道德和价值观念，经市场经济大潮的冲击也荡然无存。另一方面，新道德、新伦理和新价值尚在建构之中，现实中的中国农村和农民，民主与法治意识若有若无，共同体意识、契约精神和合作能力普遍不足，重民主而轻法治，重个人权利而轻义务①。

很显然，当前完全以农民自治为主体来推动乡村治理的现代化是勉为其难，尤其中国社会进入新时代后，在全面推动依法治国的背景下，过去的村民自治不具备走向现代法治的能力要求，其知识、能力与素养都难以推动乡村治理的现代化。

①　陈剩勇. 村民自治何去何从——对中国农村基层民主发展现状的观察和思考［J］. 学术界. 2009
（1）：42-50.

第二节 建立中国特色的乡村治理模式

村民自治的关键在于党,在于基层党组织的建设,必须坚持党的领导,发挥基层党组织的核心作用。

"乡村治则百姓安,乡村稳则国家稳。"乡村是国家治理的基本单元,乡村治理是国家治理体系的重要组成部分,但乡村治理作为当前我国社会治理的短板,在一定程度上影响着国家治理的整体水平与国家治理现代化的进程。

推动乡村治理的现代化,不能照搬国外模式,也不能完全复制我国城市社区治理模式,不同的社会关系模式,应该有不同的治理模式。当前中国农村正在发生巨大分化,农村社会结构、生活方式、居住方式等方面都与传统农村差异极大。所以在乡村治理上要立足国情,从实际出发,建立符合中国乡村特色的现代治理模式。

学者贺雪峰长期研究中国乡村治理问题。他提出:"对于传统村庄而言,可能并非越是现代的乡村体制就越好。乡村体制与乡村社会如果不匹配,就可能会变成形式主义,形成高成本的空转……只有形成与当下中国农村相匹配的乡村管理体制,才能实现可行的基层治理现代化。"① 比如浙江乡村治理的模式与苏南、珠三角的差异就很大,其中一个重要原因是浙江的工业化是从家庭作坊开始的,所以在村庄中普遍形成了农村阶层分化。上海很多农村的产业形态和社会形态与中西部农村也没有差别,但上海市实行城乡统一的严格的高度现代化的管理体制。如果盲目地将已经城市化

---

① 贺雪峰. 乡村治理现代化:村庄与体制 [J]. 求索, 2017 (10): 4-10.

了的农村的乡村体制照搬照抄过来，最后只会适得其反。

所以，新时代深入推进乡村治理现代化，要遵循治理的一般规律，要考虑不同地区城乡结构差异，因地因村制宜，选择符合村情民情的治理模式。

新时代的现代乡村是一个集传统德治与现代商业（市场经济）于一体的复合体，由此决定了乡村治理模式不能简单照搬城市治理模式，更不能照搬西方模式，而是要在继承优良乡村传统德治的基础上，结合社会主义市场经济的法治思想，走一条符合中国乡村特色的自治之路。

党的十九大提出在党对乡村全面领导下的自治、法治与德治"三治合一"的乡村治理模式，就是对新时代乡村治理的重新定位，也是乡村治理现代化的三大特色。

一、自治：建立以党组织为领导的村民自治体系

村民自治制度是中国特色社会主义民主政治的重要组成部分。"九层之台，起于累土"，基层党组织是乡村基层治理的基础，也是整个社会治理体系中的重要一环。村民自治的问题关键在于党、在于基层党组织的建设，所以必须发挥基层党组织的核心作用。因为乡村自治的主体是农民，推进实施乡村治理，就需要组织动员群众，将广大人民群众作为依靠力量，但是谁来领导和组织呢？显然农民自身的能力和自我要求是远远不够的，关键还是要靠强而有力的党组织来领导和推动，这也是由社会主义性质决定的。所以，在乡村治理体系中，党的基层组织居于中心地位，发挥核心作用，是实现乡村治理现代化的关键力量。

2019 年，中共中央办公厅、国务院办公厅印发了《关于加强和改进乡村治理的指导意见》，将完善村党组织领导乡村治理的体制机制放在推进乡

村治理体系和治理能力现代化的首位。

很显然，在全面推进依法治国的目标中，把乡村治理摆在了首位，党组织是首位中的首位，基层党组织是乡村振兴的主心骨，必须在乡村治理中发挥核心作用。党组织的核心作用主要体现在两个方面：

首先，坚持和加强党对农村工作的全面领导。基层党组织熟知党的路线方针政策，依据宪法和党内法规开展各项活动，并受宪法和党章的双重约束，能动地发挥主心骨的作用，保证农村的政治、经济、社会发展不偏离党和国家的发展方向和奋斗目标[1]。

其次，党组织能代表广大农民的根本利益。人民利益是乡村最重要、最复杂的问题，是形成乡村社会结构和建立乡村社会关系的基础，也是农村社会组织和农村发展的动力。无论是从性质还是宗旨看，基层党组织都是党在基层的先锋队，是广大人民群众的利益代表者，保护着农民群众的合理合法利益，谋求的是农民群众的根本利益和长远利益，这是践行党全心全意为人民服务宗旨的必然要求。

所以，这就是过去"乡绅""能人"的乡村权力代表最终得不到广大农民的支持的原因。因为当与农民利益发生冲突并缺乏一定的监督条件时，他们往往选择以自己或他人的利益优先，损害农民的利益，最终得不到群众的支持。因此，也只有党组织才会去了解村民的利益诉求，积极反映农民的愿望和意见，这是由党的宗旨和本质决定的。

习近平总书记在中央农村工作会议上指出："基础不牢，地动山摇。农村工作千头万绪，抓好农村基层组织建设是关键。无论农村社会结构如何变化，无论各类经济社会组织如何发育成长，农村基层党组织的领导地位

---

[1]　蔡文成.基层党组织与乡村治理现代化：基于乡村振兴战略的分析［J］.理论与改革，2018（3）：62-71.

不能动摇、战斗堡垒作用不能削弱。"①

【案例】给钱给物，不如有一个好支部

云南楚雄彝族自治州南华县龙川镇二街社区是一个典型的山区农业社区，基础设施薄弱、产业结构单一、干旱缺水一直是困扰二街社区两委班子的难题。"种粮吃饭，养鸡称盐，喂猪过年"是二街社区过去生活的真实写照。

如何能让村民的日子富起来、好起来？"只有把村两委班子团结起来，把党员干部队伍建设好，才能带领群众致富谋发展。"谈到村子的发展，村党支部书记窦正宝有自己的"法宝"。2000年8月被村民推选为党总支书记、主任后，窦正宝做的第一件事就是加强村党支部的凝聚力和战斗力。

坚持标准发展新党员，为党组织吸收新鲜血液，增强党组织活力；党员在工作中亮身份、亮责任，言行接受群众监督……经过10多年的发展，二街社区已经成为一支拥有97名党员、战斗力强劲的基层党支部。

最让窦正宝得意的是他数不清的笔记本，上面是他几年来走家串户收集起来的群众困难和意见。"要想让村委会真正成为依法民主管理的村民自治组织，就必须了解民心民意，研究村情民情。"窦正宝介绍，议事制度、监督机制的建立，让村民们能够对全村的公共事业建设、经济发展项目进行民主讨论和决策。

"给钱给物，不如有一个好支部。"对此，二街社区小喇石村村民王爱国可以说是深有体会："以窦书记为首的党支部为我们大家做了不少实事。"

几年前，村里遇上天干大旱，不仅生产用水不够，连人畜饮水都成了问题。就在大家一筹莫展的时候，窦正宝带着村里的党员干部站了出来，

---

① 人民日报署名文章：谱写农业农村改革发展新的华彩乐章——习近平总书记关于"三农"工作重要论述综述[EB/OL].(2021-09-23)[2021-10-15].http://www.gov.cn/xinwen/2021-09/23/content_5638778.htm.

在自家的汽车、拖拉机上安装好水箱，自发为困难群众送水，一送就是三年多。"不仅解决了我们用水难的问题，更让我们感到安心。"王爱国说，"有这样的党支部在，遇到什么困难我们都不怕。"①

一个坚强有力的基层党组织是农村发展的主心骨。一个党员可以带动一群人，而一群人又可以带动全村的人。

在以村党组织为核心、以村民自治组织和村务监督组织为基础、以村集体经济组织和农民合作组织等为纽带的村级组织体系中，村支部不仅要解决村干部队伍的懒、散、弱等问题，更重要的是要理清发展思路，找准发展方向，壮大集体经济，引领村民致富，推动乡村振兴。这才是乡村治理的根本。

乡村治理归根结底是为了乡村振兴，这就要求基层党组织和党员干部在乡村治理中成为统揽全局、协调各方、服务发展的"领头雁"。

二、法治：加强依法治理，建立社会化的法律服务体系

由于我国农村分布广、农民人口基数大，过去乡村秩序主要以传统伦理道德维系。村民现代法治意识与观念比较薄弱，抵法、抗法现象时有发生，加之现代商业社会的快速发展，我国乡村法治建设比较滞后，无论是法治队伍建设、立法还是司法保障，国家司法资源的下沉都存在不足，这些都是乡村治理存在的现实问题。因此，社会治理的重点在乡村，重心在乡村，困难也在乡村。

如何推动乡村的法治建设呢？在观念上要采取防微杜渐的原则，加强普法教育。乡村很多不稳定因素往往与普法宣传力度弱、法律社会服务体系不健全有关。因此，加强乡村的法治宣传，提高村民的法律意识，营造

---

① 王锦涛，李茂颖，邵玉姿. 党建引领 乡村治理强起来［N］. 人民日报，2018-04-16（9）.

广大村民群众"学法、懂法、用法"的良好法治氛围，是加强乡村法治建设的前提。

同时，在机制上要建立起社会化的法律服务体系，如推广"枫桥经验"，建立矛盾纠纷化解平台，坚持法理情相结合，把村民的矛盾纠纷化解在萌芽状态，这是乡村治理最有效、最能增加群众满意度的方式。

"枫桥经验"也是习近平总书记在乡村治理体系中特别提倡的。他在2013年中央农村工作会议上特别强调："提高预防化解社会矛盾水平，要从完善政策、健全体系、落实责任、创新机制等方面入手……要学习和推广'枫桥经验'，做到'小事不出村，大事不出镇，矛盾不上交'。"①

【案例】用活"枫桥经验"，建立农村基层化解矛盾纠纷工作机制

2020年5月19日，广西南宁市江南区苏圩镇政府大院里的苏圩司法所格外热闹。当天，南宁市江南区在农村地区成立的第一个"矛盾纠纷联合调解中心"正式挂牌运行。该中心由苏圩镇党委政府牵头成立，办公室设在苏圩镇司法所，联合苏圩法庭、苏圩派出所、广西南国雄鹰律师事务所等多方矛盾化解力量，共同打造起一个"一站式"的矛盾纠纷化解平台。调解中心制定了专门的工作机制，负责矛盾纠纷的受理、分流、调解、督办、考核、建档等工作，并具有矛盾纠纷分流指派、调解调度、督办指导、检查考核、责任追究倒查等权利，为纠纷调解的常态化运行提供了制度保障。

上午10时20分，苏圩镇政府司法所的一楼调解室内，广西南国雄鹰律师事务所的两名律师端坐在调解员的座位上，对一起拖欠工资纠纷进行调解。纠纷双方来自苏圩镇保城村六里坡。记者从调解现场双方当事人的陈

---

① 人民日报署名文章：谱写农业农村改革发展新的华彩乐章——习近平总书记关于"三农"工作重要论述综述[EB/OL].（2021-09-23）[2021-10-15].http://www.gov.cn/xinwen/2021-09/23/content_5638778.htm.

述得知，村民莫某一年多前曾帮本村的彭某开甘蔗运输车，被拖欠近万元的工资，双方矛盾日益尖锐。原来，莫某的妻弟刘某在帮彭某开车发生交通事故受伤住院治疗，彭某通过莫某夫妇转款1.6万元给刘某作医疗费，但莫某夫妇没有向他提供医疗费发票，导致他无法办理保险理赔，也不清楚医疗费实际花销情况。而莫某夫妇则认为，务工工资与交通事故赔偿是"两码事"，刘某的赔偿问题不该扣减莫某的工资。

律师调解员首先对双方争议的事项进行梳理，并提出了调解意见。最终，双方在调解笔录上签字，原本剑拔弩张的双方当事人对本次调解均表示满意。

同一时间，苏圩司法所的另外两个调解室里，苏圩法庭的法官和苏圩司法干部也在忙着做调解。三场调解都进行得十分顺畅，司法所、驻村律师、法庭等调解力量携手"亮相"，充分体现了"多元化调解"机制的作用。

江南区苏圩镇下辖的16个村（社区）均属于广西南国雄鹰律师事务所的服务范围。在律师们提供法律服务的过程中记者发现，随着农村地区经济的多元化发展，各类纠纷逐渐显现，特别是如土地山林纠纷、交通事故赔偿、财产继承等，律师可以提供专业思路，而要解决纠纷常常需要职能部门的专业人员配合完成。"我们通过与江南区司法局、苏圩镇党委和政府充分沟通，并达成一致意见，成立这一矛盾纠纷化解联合调解中心，为基层群众提供更好的法律服务。"广西南国雄鹰律师事务所主任周海船说。

当天上午，苏圩矛盾纠纷联合调解中心成员单位召开了第一次联席会议，当地党委、政府、司法所、法庭、公安派出所（交警）、驻村律师代表对"联调中心"的运行机制、日常管理等进行了讨论，一致对该中心的日常管理、运行机制、业务性质等进行了确定。

根据这一机制，设在苏圩司法所的"联调"办公室将是全镇矛盾纠纷事项的"总进口"，接诉后由该所按纠纷的性质进行分流，并为调解人员与当事人进行有效对接，约定调解方式和时间，并对调解的事项进行督办、考核、归档等，建立了一条化解农村基层矛盾纠纷的服务链。

"建立这个联调中心，就是落实'枫桥经验'的具体行动，也是让司法调解、人民调解、行政调解有机衔接，实现村、镇一级矛盾纠纷的化解联动。"南宁市江南区司法局副局长欧茂荣说，苏圩矛盾纠纷联合调解中心是南宁市江南区第一个挂牌运行的农村联调中心，在总结其经验的基础上，逐步将联调机制推向辖区的农村地区，建立全新的农村基层化解矛盾纠纷工作机制①。

据不完全统计，2019 年该所 32 名村（社区）法律顾问为服务对象提供现场值班服务 600 余次，接受群众法律咨询超过 1 500 人次，参与基层纠纷调解 110 多件。此外，律师事务所还组织律师开展"送法下基层""法治大篷车""宪法宣传日"等大型法治活动 30 余场次，发放普法宣传册 500 余份，工作成效得到村（社区）群众和司法行政部门的高度肯定和充分认可。

同样，用法治文化推动乡村治理可以大大增强村民的法治意识，提前预防和化解农村基层矛盾。南宁市西乡塘区以"法治宣传、景区打造"为理念，在忠良村、永安村、乐洲村等 8 个村推进法律服务进乡村，通过建立乡村法治文化主题公园，设立法治亭、法治文化长廊、法治主题墙、法治石、法治碑林等，让村民和游客在休闲娱乐中潜移默化获取法律知识。

西乡塘区还推进"一村一法律顾问"工作，选派 35 名基层法律服务工作者到"美丽南方"景区 8 个村担任法律顾问，实现矛盾纠纷调解率

---

① 韦义华. 江南区：用活"枫桥经验"推动多元联调 [N/OL]. 广西日报，2020-05-27 [2021-06-16]. http://gxrb.gxrb.com.cn/html/2020-05-27/content_1690220.htm.

100%，调解成功率达95%以上，使政策更加贴民心、入人心①。

通过加大乡村社会治理法律法规贯彻力度，始终把学法普法作为农村法治建设的基础工程来抓，建立健全农村普法教育的长效机制，加强法制宣传，加强农村百姓遵法、守法、学法、用法的意识，让法治思维、法治方式成为农村百姓生活的一种常态；健全乡村公共法律服务体系，从而切实增强农村百姓的获得感、幸福感、安全感。这才是中国特色的乡村治理现代化的体现。

三、德治：用优秀传统文化塑造乡村德治秩序

我国虽然是一个农业人口大国，但同时也是一个有着悠久农耕历史和文化的国家。有一点我们不能忘却的是，无论西方国家经济多么发达，技术水平多么先进，我们在"师夷长技以制夷"的同时，都绝不能脱离文化根基，尤其是在治理这样一个有着深厚传统文化的人口大国时，既要能够与时俱进，吸收现代化的先进理念、技术，又要充分利用文化根基来夯实治理结构。

随着农村基层民主政治的发展，村民自我管理能力有所提升，法治意识有所增强。但在具体的实践过程中，一些地方仍存在村民参与公共事务的积极性较低、外部监管缺失、法制观念淡薄等问题。而法治作为制度化的治理方式以及强制性的实施手段，对于几千年来我国农村形成的民间道德伦理秩序体系来讲，又过于刚性和僵化。由于自治与法治的不足，需要德治发挥"润滑剂"作用，既要借助道德手段提升村民的自治水平，又要结合乡村约定俗成的道德规范以及非正式规则，有效弥补法治的不足。

---

① 周仕兴. 沉寂的乡村"活"起来——广西以文化助力乡村治理与乡村振兴 [N]. 光明日报，2020-08-06（1）.

习近平总书记主持十九届中共中央政治局第八次集体学习时强调："我国农耕文明源远流长、博大精深，是中华优秀传统文化的根。我国很多村庄有几百年甚至上千年的历史，至今保持完整。很多风俗习惯、村规民约等具有深厚的优秀传统文化基因，至今仍然发挥着重要作用。要在实行自治和法治的同时，注重发挥好德治的作用，推动礼仪之邦、优秀传统文化和法治社会建设相辅相成。"① 这也是中国乡村治理的最大特色所在。

【案例】巧讲"三孝"故事　化解百姓心结

安徽省望江县杨湾镇曾墩村的"三孝调解室"成立于 2017 年。调解室通过"听民声""讲孝道""喻古今""解民忧""和相处"五步工作法，用"三孝"文化感化当事人。自成立以来，目前已调解 40 起纠纷，仅成立当年就调解了 24 起，调解率达到 100%。

2018 年 3 月 14 日，春天的暖阳照进曾墩村村部一楼，桌面上摆放着新鲜的绿植，墙面上挂着各类宣传画，党群连心卡放置在触手可及的椅子边……整个环境被打造得温馨和谐，目的只为"化干戈为玉帛"，因为这里是"三孝调解室"。

一方水土养一方文化，一方文化养一方人。我国古代广为流传的"二十四孝"故事，其中的"三孝"——王祥卧冰、仲源泣墓、孟宗哭竹就源自望江。

"我们村总共划分了 4 个片，一个片 100 多户村民，每个片安排一个负责人。一旦村民出现矛盾，就可以联系负责人，负责人先介入调解，调解不了的情况下，带到工作室来，大家一起坐下来解决。"曾墩村村委会主任聂勇说。

---

① 人民日报署名文章：谱写农业农村改革发展新的华彩乐章——习近平总书记关于"三农"工作重要论述综述［EB/OL］.（2021-09-23）［2021-10-15］.http://www.gov.cn/xinwen/2021-09/23/content_5638778.htm.

聂勇同时也是新龙片片长。为了干好这个片长，聂勇可没少花功夫。"基层的矛盾纠纷其实都是些小事，但这些小事更要求我们细心、耐心。自我们'三孝调解室'挂牌成立后，我一有空就学习以'三孝''二十四孝'为代表的传统文化，在调解过程中引经据典，以便更好地解决问题。"聂勇告诉记者。

2017 年汛期，曾墩村的返乡村民伍有翠向聂勇反映，趁自己外出务工期间，邻居石永红未经她许可，私自在她家的宅基地里盖了一个厕所，而石永红却辩解称盖厕所一事已通知伍有翠。在各执一词的情况下，聂勇发动周边邻居及双方的亲属，动之以情，晓之以理，用"三孝"文化感化他们。经过近两个月时间的调解，最终石永红认识到了自己的错误，愿意做出补偿；而伍有翠出于邻里情，也做出了让步。石永红将自己的部分宅基地交换给了伍有翠，矛盾顺利解决，双方重归于好。

长期以来曾墩村章姓和李姓两户人家因宅基地问题纠纷不断。2017 年 6 月，两户人家再次因此产生争执。经过调解员现场勘察，结合双方土地使用证及现状，在阐明法律规定、明确双方权益后，调解员提出了处理意见并劝导双方以和为贵，最终促成双方达成调解协议。

2018 年，曾墩村的"三孝调解室"还将创新机制，引入村里的"五老"参与调解，将"尊老爱幼、礼让谦和、和睦相处"的"三孝"品德融入各类矛盾纠纷的调处和信访积案的化解之中。"三孝"调解工作法让现代"三孝"的故事在小乡村不断上演①。

在市场经济与工业化的转型过程中，尤其是改革开放后很多农民背井离乡开始参与市场经济下的社会分工。由此，农村社会原有的道德价值体

---

① 金群峰，李渊. 巧讲"三孝"故事化解百姓心结［EB/OL］.（2018－03－21）［2021－06－16］. http://aq.anhuinews.com/system/2018/03/21/007831051. shtml.

系遭受冲击，在各种腐朽、落后文化的沾染下，拜金主义、极端功利主义、享乐主义等在农村兴起，这种不良价值取向非常不利于农村社会的稳定以及农民生活质量的提升。

德治具有引领作用，能够通过改善乡村社会风气、提升村民自我修养，引导乡村治理向良性发展。因此，以德治为基础，积极加强村民的道德文化建设，重构农村的道德体系，对于农村稳定以及农民生活质量提升具有重要意义。

所以，要深入挖掘优秀传统农耕文化蕴含的思想观念、人文精神、道德规范，弘扬主旋律和社会正气，培育文明乡风、良好家风、淳朴民风，改善农民精神风貌，提高乡村社会文明程度！乡村治理是我国国家治理体系和治理能力现代化的重要组成部分。党的十九届四中全会通过的《中共中央关于坚持和完善中国特色社会主义制度 推进国家治理体系和治理能力现代化若干重大问题的决定》指出：健全党组织领导的自治、法治、德治相结合的城乡基层治理体系。

因此，推进乡村治理现代化，就需要构建自治、法治、德治"三治结合"的治理体系，创新乡村治理体系，走乡村善治之路，让农村既充满活力又和谐有序。

中国共产党的领导是中国特色社会主义最本质的特征，要明确基层党组织是乡村治理中的"主心骨"，是新时代加强和创新乡村治理、推动乡村治理现代化的核心和领导力量。

因此，乡村治理的重中之重，应该将加强基层党组织建设放在首要位置，切实发挥好党支部和党员在乡村治理中的领导作用。

如何发挥党在乡村治理中的领导作用？为人民服务是中国共产党的宗旨，乡村治理要始终坚持以人民为中心的发展思想，坚持农民群众的主体地位，充分尊重农民意愿，调动广大农民参与乡村治理的积极性、主动性，把维护农民群众根本利益、促进农民共同富裕作为出发点和落脚点，如此才能不断提升农民的获得感、幸福感、安全感，真正保证乡村治理现代化的可持续。

第八章　新时代建设中国特色
现代化农业的理论指引

> 理论要从实践中来，到实践中去。建设中国特色的现代化农业，既
> 是时代的使命，也是人民的要求……

第一节　从科斯定理到中国"特色"

发展农村集体经济，坚持集体所有制，用行政的"有形之手"来推动市场的"无形之手"，这是中国农村改革的最大特色。

民以食为天，对于一个拥有 14 亿人口的农业大国来说，粮食问题大于天。无论是当前还是未来，解决好吃饭问题都是治国理政的头等大事，也是中国走向繁荣与稳定的前提。

显然，对于我国农业发展的现阶段而言，粮食安全最大的问题仍然是耕地，而我国恰恰又是一个耕地资源极度匮乏的国家，人均耕地仅 1.4 亩多，还不到世界人均耕地面积的一半，僧多粥少是必然的。

为此，严守 18 亿亩耕地红线，笔者认为这是中国农业发展的底线。不管未来形势如何变化，中国人的饭碗始终要牢牢端在自己的手上，这是中国特色社会主义基本国情所决定的。

在这一点上，被喻为"中国农村改革之父"的杜润生先生最有发言权。

他见证了新中国自成立以来农业改革的历程，也是中国农村改革政策制定的核心人物之一。他一直认为"中国最大的问题是农民问题，农民最大的问题是土地问题"，而关于土地的改革，一直以来是中央农业农村工作的重中之重。

作为杜润生的学生，长期从事农业经济研究的中央农村工作领导小组原副组长陈锡文，在农村土地制度改革上提出三条底线不能突破：第一，不能改变土地所有制，就是农民集体所有；第二，不能改变土地的用途，农地必须农用；第三，不管怎么改，都不能损害农民的基本权益[①]。

这三条底线基本上把土地的性质、农村改革的底线问题说清楚了。底线是要牢牢守住，但更重要的是发展。如何让农民从吃得饱到吃得好，如何从传统农业走向现代化，如何全面振兴中国乡村，这才是当前与未来要面对的时代课题。

农业的现代化是一个宏观但又客观的现实问题，这个问题意义重大而深远，关乎中国数亿农民的生存与发展，也关系整个中华民族的繁荣与稳定。探索中国特色现代化农业的理论体系，是对中国农业现代化进程的剖析，从实践中找规律，从规律中找答案，最终又要回到实践。所以，理论来源于实践，更要高于实践。

自新中国成立后，我们老一辈的农村研究工作者，为我国农业现代化的实践与理论探索做出了重大贡献。比如在杜润生老师的带领下，陈锡文、林毅夫、周其仁、杜鹰、白南生等学者长期专注于农村研究，为中国"三农"的改革事业做出了不可磨灭的贡献。但我们在探索农业现代化的道路中也走了很多弯路，在理论的探求中也付出了很大代价，以至于最后发现，唯有立足自身，探索出一条符合中国基本国情、符合自身发展，适应经济

---

① 冯华，陈仁泽．陈锡文：农村土地制度改革，三条底线不能突破[EB/OL]．(2013-12-05)[2021-06-16]．http://theory.people.com.cn/n/2013/1205/c40531-23749491.html．

发展阶段的中国特色现代化农业道路才是出路。

那么，如何走中国特色的现代化农业道路呢？吴敬琏先生在《中国经济改革进程》一书中对土地改革做了一个全面的回顾，也许我们从中可以找到一些规律与共识，为我国农业现代化道路探索提供指引。

（1）从1949年到1952年完成了土改，规定废除地主阶级封建剥削的土地所有制，实行农民的土地所有制，土地私有让广大农民爆发出了前所未有的热情，1951年粮食产量达到了1 437亿公斤，1952年更是达到了1 639亿公斤。

（2）为了优先发展重工业，中国从1953年起实行粮食的计划收购（"统购"）和计划销售（"统销"）制度。对个体农民进行集体化改造，将原来以家庭为单位的农业生产改为以集体为单位的生产。把农民"组织"起来，形成农业生产合作社，发展农村集体经济。

（3）1957—1978年，我国进行了"三级所有"的土地改革。在农业生产合作社土地集体所有的基础上，将土地改造成属于三级集体所有，即人民公社、生产大队、农村生产小队三级所有。社员集体在公有土地上统一生产和劳动，社员没有任何私有土地，彻底消灭了土地私有制。这也标志着农民的土地使用权彻底被收归集体所有。"三级所有"土地性质并不适合当时的中国农业现状，极大地抑制了农民的生产积极性。

（4）1980年4月，邓小平明确表达了对"包产到户"的支持态度，家庭联产承包责任制改革由此全面展开。1982年开始在全国广大农村全面推行承包制，到1983年底，98%左右的农户都实行了包干到户，家庭承包经营的土地面积占耕地总面积的97%左右，实现了土地所有权与使用权的分离。包产到户，特别是"包干到户"的普遍推行极大地促进了农业的发展。以不变价计的中国农业总产值在1981—1986年平均每年递增6.6%，远超过

1952—1978 年的年增长率 2.5%①。

（5）2008 年 10 月 12 日，党的十一届三中全会通过的《中共中央关于推进农村改革发展若干重大问题的决定》提出："完善土地承包经营权权能，依法保障农民对承包土地的占有、使用、收益等权利。加强土地承包经营权流转管理和服务，建立健全土地承包经营权流转市场。"国务院批准重庆、成都设立全国统筹城乡综合配套改革试验区，两地在不同程度上试点土地流转。

（6）2014 年印发的《关于引导农村土地经营权有序流转发展农业适度规模经营的意见》提出"三权分置"。"三权分置"是继家庭联产承包责任制后农村改革的又一重大制度创新，是将所有权、承包权、经营权"三权分置"，所有权归集体，承包权归农户，经营权可流转，在农民无失地之忧的前提下实现耕地流转，这样一来既能保障农民利益，又有利于发展适度规模经营。

从这样一个改革历程与趋势中我们发现，农村改革具有两大鲜明的特色：一是坚持土地集体所有权不动摇，也就是土地制度无论怎么改，都不能把农村土地集体所有制改垮了；二是坚持市场化路线不动摇，不断优化土地资源的流转机制，促进生产要素资源的流动。笔者认为这是中国农村改革的两大主要"特色"。那么，我们如何解释这两大"特色"呢？

一、为什么要坚持土地集体所有权不动摇？

为什么中国农村土地制度一定要坚持集体所有制？从学理上我们如何来解释这一"特色"？在我们以往的现代产权理论中，以科斯为代表的西方学者认为，只要产权归属是明确的，即权利被明确界定，并且交易成本为

---

① 吴敬琏.中国经济改革进程［M］.北京：中国大百科全书出版社，2018：63-78.

零或者很少，那么无论在开始时将产权归属谁，市场的运作都会以最有效的方式实现资源配置的帕累托最优。

科斯定理的核心是，权利界定是市场交易的先决条件，市场交易不仅是物品的买卖，更是权利的交换；如果这些权利没有界定为私有，物品或资产就不能在市场成交。科斯举了个例子，买卖一个苹果不要只看一个苹果，而要看拥有苹果包含着什么权利，更重要的是这些权利要有主人（权利归属）。

我们知道，现代产权理论也是新制度经济学的核心思想，它沿用了新古典经济学关于经济人在经济活动中追求个人利益最大化的假设。因此，私有产权是西方产权理论的原点，也是西方自由经济学的灵魂所在。

事实上，私有产权也是欧美等西方国家发展自由经济的主流指导思想。从亚当·斯密的《国富论》到哈耶克的《通往奴役之路》，再到弗里德曼的《资本主义与自由》，他们都主张经济自由，政府不得干预经济，经济应由"看不见的手"即市场发挥作用。

从科斯定理来看中国农村土地改革，是否意味着只要土地的产权明确，不管归属谁，最后市场总会选择最有效率的方式实现资源配置。但真实情况是，中国农村土地资源配置最有效的不是将产权归属个人，而是界定为集体所有，也就是集体产权制度才是最有效的资源配置方式，这是科斯等自由经济学派难以理解的中国特色，因为他们一向反对公有制，认为公有制带来的"搭便车"行为无效率。

科斯强调权利界定是资源配置有效的前提，也认为交易费用的存在决定了产权交易主体。比如他在《企业的性质》一文中指出，企业为什么要替代市场？企业之所以通过经理人来配置要素资源指导生产，是因为使用市场价格配置资源是有成本的，而使用经理人的成本要比市场价格配置资源的成本低，所以公司替代了市场。

　　张五常教授则在《经济解释》的《合约的一般理论》中列举了一个例子。生产一台摄像机，产品的每一微小部分、部分组合而成零件，零件组合而成产品，到最后的包装，全部可以由计件工人处理。如果所有交易费用是零，每个顾客购买一件成品可向所有参与生产的计件工人，个别支付一个微小部分的价钱。但在真实世界，一件产品以零碎市价成交，手续繁复。厘定多而零碎的市场件价费用奇高，经理人的存在是因为要降低交易费用，工人的工作配合安排由经理人指导，是资源使用的指导，这是"有形之手"。公司的成因，是量度生产贡献与厘定价格的（交易）费用高于监管及指导使用的（交易）费用。最正确的看法，不是公司代替市场，也不是生产要素市场代替产品市场，而是一种合约代替另一种合约①。

　　然而，无论是公司的"有形之手"还是市场的"无形之手"，无论是科斯定理还是张五常的合约理论，都主张建立在私有产权之上。在私有产权的局限下，一个生产要素的主人可以选择经过合约的安排，把生产要素的某些使用权交给一个企业家或经理，换取（金钱）收入。如果私有产权不存在，那么便没有上述的选择。

　　而在这一点上，科斯在其重要的文章《联邦传播委员会》中也提到，20世纪初期美国东岸的渔民出海捕鱼，一次出海要几天，与家人的联络变得至关重要。当时渔民就用收音频率与家人报平安，但由于具体频道没有清楚地界定给渔民，各渔民乱用频道，相互干扰，影响通话。为理顺这个问题，联邦传播委员会的管制应运而生。科斯对此的回答是这种管制是不必要的，若频率清晰地界定给私人所有，市场会通过价高者的交易把这些乱搭一气的频道整理得清楚明确。由此，科斯又进一步做了一般化推理，

---

① 张五常. 经济解释: 卷四 [M]. 香港: 花千树出版社, 2002: 210-213.

即像这里频率资源一样，任何资产的公有，都会带来这类糟糕的效果①。

西方产权理论把公有制看作企业经济绩效低下的根源。他们认为在公有制下，产权模糊，人们的权、责、利不明确，必然影响人们积极性的发挥，或形成各种"搭便车"的现象，人们都想不劳而获。所以，科斯定理是建立在私有产权之上的，他反对集体产权、反对公有制，因为在他看来公有制代表无"主"，而集体经济由于产权不清晰，往往代表的是政府行为，被认为是无效率的，政府替代市场怎么会有效呢？

但中国的土地制度改革恰恰相反，它建立在集体产权之上，通过集体经济来发展农村产业、建设农村，但结果却又是最有效的。如中国的土地制度从最初的私有化到合作社下的集体所有制，再到"包干到户""三权分置"等，这一切都在政府强而有力的推动之下完成。如果没有邓小平强有力地推行"包干制"，那么我们的农村改革不会这么成功，我们的改革开放也不会取得如此辉煌的成就，而"包干制"又是建立在土地公有制（集体所有权）之上的，这与西方的主流经济学理论（私有产权下的自由经济）是相悖的。

又比如我们坚持土地集体所有不动摇，坚持发展集体经济，不仅诞生了南街村、华西村这样的富裕村，而且通过土地的不断流转，实现了农村资源的有效配置。通过资源变资本、资金变股金、村民变股东的"三变"，成功打造了农村改革的样板"六盘水模式"，发展了产业，带动了农民增收。相反，我们却很少看到有哪一家私有企业能够打造出像南街村、华西村这样的成功典范。

因此，我们的农村改革，没有照搬西方主流的经济理论，而是结合中

---

① 米兰.科斯的遗产及其对中国的意义［EB/OL］.（2013-09-08）［2021-06-16］.https://view.news.qq.com/a/20130908/001604.htm.

国国情、农村现状，走出了一条符合自身发展规律的集体经济道路，更重要的是我们在实践中证实了这条路是最有效的。发展集体经济，坚持集体产权制度，坚持用"有形之手"来推动"无形之手"的市场经济，这是中国农村改革最大的特色。

为什么会出现这种现象呢？这是否意味着科斯定理在中国的失灵？显然从科学态度上这样说有失偏颇。科斯定理在中国的工商业发展上取得了巨大的成功，改革开放下基于私有产权的民营经济功不可没，改革开放下如雨后春笋般涌现的私有企业便很好地说明了这一点。但偏偏为何在发展农业上科斯定理却失灵了呢？

基于私有产权的科斯定理并非包治百病的"灵丹妙药"，它产生于西方资本主义国家土壤，有其自身的适应性和局限性，一味地照搬和模仿最后只能是适得其反。当年萨克斯的"休克疗法"在玻利维亚的成功实施，被世人称为"玻利维亚奇迹"，"休克疗法"也由此享誉世界。但"休克疗法"在俄罗斯却惨遭失败。"休克疗法"的失败使俄罗斯 GDP 几乎减少一半，最后其 GDP 总量只有美国的 1/10。

当然，这并非完全否定科斯的产权理论，而是不同的国家、不同的国情、不同的市场面对着不同的交易费用，任何理论都不能完全照搬，而是要对其"改造"利用。

比如，中国农村改革为什么一定要坚持土地集体所有权不动摇，就是因为中国是一个传统农业大国，农业人口众多，耕地资源匮乏，农村资源分散，如果按照科斯定理的自由化交易方式，由于市场交易成本太高，就难以形成市场机制来调节资源的优化配置，农村资源要素就会继续"沉睡"下去。这跟生产摄像机案例中企业经理人取代市场的道理一样，中国的特殊国情，尤其是农村资源市场化存在着巨大的交易费用，无法直接建立起市场价格机制，只能通过政府这个"大公司"的"有形之手"来推动农村农业资源的市场优化配置，这也是一种合约替代另一种合约。

市场的形成也是有成本的。农村的资源由于过于分散，且分布广，要想把这些资源集中起来发展成产业，需要投入大量的成本。比如在农村"要想富，先修路"，如果按照市场的方式根本没有企业愿意投资先修路，只能通过政府和村集体前期投资把路修好，再招商引资发展产业，最后通过税收的方式弥补前期的投入。

所以，在我们这样以传统农业为主的国家，农业的市场化隐含着巨大的交易费用，农业的市场化改造要想达到科斯定理的理想效果，需要经历一个很长的过程和发展阶段，这就是理论与现实的差距。

二、农村集体经济为什么必须坚持市场化路线？

人民公社为什么会失败？那是因为计划完全取代市场，市场的价格机制被消灭掉了。没有价格指引，完全依靠政府的"有形之手"来管理数亿人口大国的所有供应与需求，必然会产生巨大的交易费用，导致资源配置的无效与浪费。

更重要的是，当计划取代市场后，市场的交易机制没有了，无法实现物品的价值交换，也就无法实现社会财富的创造。

于是有人要问，企业可以通过经理人的"计划"来实现资源的优化配置，为何政府不可以？我们可以把整个国家当成一家公司来运营呀？

企业通过经理人的"有形之手"取代市场的"无形之手"制订生产计划，但并没有破坏市场的价格机制，而是为了更好地降低交易费用，是为了更好地进入市场。但是，政府取代市场把价格机制消灭了，也就消灭了市场对资源的优化配置，必然走向低效的计划经济时代。

农村集体经济为什么要坚持市场化路线？坚持市场化路线就是通过市

场的价格机制实现资源的优化配置，实现农村资源价值的最大化，从而发展和壮大农村经济。

那么，在什么情况下计划会取代市场呢？那就是计划的交易成本比市场低时。比如一个家庭就不需要市场，每个人的劳作和财物分配由最具权威的长辈指导，这是最经济的行为。一家企业内部生产不需要市场，整个资源配置由经理人指导安排，这是效益最大化的选择。

市场化的前提是要具备私有产权属性，因为市场有交易，交易必须有主，也就是资产的所有权。但中国的农村改革走的恰恰不是私有产权路线，而是走的集体产权所有制，也就是发展集体经济的道路。为什么中国农业在公有制（集体产权）下的市场化依然能够成功（比如南街村、华西村、六盘水等的成功）？

这是因为我们虽然拥有的是集体产权，但是同样具有了私有产权的属性。科斯只看到了公有制（集体经济）的无效率的一面，认为市场只有建立在私有产权上才能发挥作用，忽视了私有产权结构的分离同样可以让集体经济在市场中具有高效率的一面。

由于忽视了产权结构的分离（所有权、使用权、收入权、转让权的分离），如果只在产权所有制上做判断，结果往往大相径庭，尤其是对中国发展农村集体经济的深度认识上，是只见树木不见森林。

比如，一块土地的所有权是集体的，但如果它的使用权可以转让，收益权能够清楚界定，那么它就同样具有私有产权的属性，在市场中同样可以实现资源配置的帕累托最优。这就是为什么"包干到户"解决了中国人的温饱问题，它的所有权虽然归于集体，但承包权（使用权）归农民，收益权归农民，所有权与使用权、收益权发生分离，尽管它是集体所有制，但事实上具备了私有产权的属性，依然是有效率的。

随着"三权分置"的推出，将土地承包经营权分为承包权和经营权，实行所有权、承包权、经营权分置并行，着力推进农业现代化，这是继家庭联产承包责任制后农村改革的又一重大制度创新。这本质上是更好地优化产权结构，在保持集体产权不变的情况下，更好地实现生产要素的市场化，推动农业资源的产业化。

在新时代下，发展农村集体经济绝对不可能走向计划经济、行政指令经济，而是走向更符合中国国情、更符合客观经济规律、更符合广大人民根本利益、更具有中国特色的市场经济路线。

第二节 新时代建设中国特色现代化农业的理论体系

新时代建设中国特色现代化农业的理论体系，由产权清晰的集体所有制、高效组织的行政推动力以及继续完善"三权分置"的农村产权制度改革构成。

整个中国农业的改革，经历了好几个特殊阶段——有统有分、有公有私，或是统分兼顾。在实践中我们探索了小岗村的改革，也分析了南街村的得失、华西村的成功之道。无疑，它们的成功有其可取之处，也有很好的借鉴意义，但却始终无法上升为普遍性的中国方案和理论体系。

理论要从实践中来，到实践中去，但更重要的是理论要具有普遍的适用性，否则就变成了实用主义、经验主义。

我们探索中国特色的现代化农业理论体系，其目的就是走出一条符合中国基本国情、适应经济发展阶段的中国特色农业现代化道路，从而全面推进农业、农村的现代化。

那么，新时代中国特色现代化农业理论体系由什么构成？

首先，建设中国特色现代化农业理论体系是习近平新时代中国特色社会主义思想和基本方略的产物，没有中国特色社会主义就没有中国特色的农业现代化。新时代我国社会主要矛盾是人民日益增长的美好生活需要和不平衡不充分的发展之间的矛盾，这一矛盾本质上是过去城乡发展的不平衡所致。我国恰恰又是一个农业人口众多、地区发展不平衡的国家，这就意味着农民不富裕起来，全面建成小康社会、实现共同富裕的愿望就难以达成。

其次，如何让广大农民富裕起来？过去我们的做法是工业反哺农业，城市带动农村，但事实上我们发现这种"输血式"的投入对于广大的农村地区而言只不过是杯水车薪，这种"给钱"的做法不仅无法持续，也始终解决不了农村发展的根本问题。

因此，唯一的出路就是回归产业，唯一可持续的路径就是发展农业，让农村具有"造血"功能。只有发展农村经济才能振兴农村、富裕农民，这是恒久不变的铁律，也是乡村振兴战略中首先提出产业振兴的原因。

但是，产业的发展不是一蹴而就的，不是下发个文件、颁布一个政策就可以了，产业的发展首先是资源的集中，需要通过市场这只"无形之手"来实现资源的优化配置，通过经营主体的自由竞争来实现产业规模化。

相对于工商业而言，由于农村资源过于分散，通过市场的方式来集中资源难度太大，农业产业化成本太高。

这就存在一个悖论，即产业化是一个市场化行为，但农业的产业化却不仅仅是一个市场化行为。比如六盘水的改革，如果没有政府的"有形之手"加以推动，没有党委和政府顶层设计与行政配套体制机制的推进，那么就无法成功实现所谓的"三变"改革。

所以，中国农业的产业化或者现代化，首先需要政府的"有形之手"来协助市场的"无形之手"，用行政力量来推动农村资源的市场化，这是中国农业走向现代化的最大特色。这就是我们说科斯定理在工商业上是成功的，但在中国农业的改革中却"失灵"了的原因。

这也是要坚持发展农村集体经济，尤其是坚持土地集体所有制不动摇这一原则的原因。只有集体经济才具有"有形之手"的合法性，才能构成集中力量办大事的先决条件，才能更好地实现资源集中从而推动产业发展。

所以，走中国特色的现代化农业道路，虽然是用政府的"有形之手"来协助市场的"无形之手"，但绝不是我们过去的行政指令，更不是计划经济的重蹈覆辙，而是通过集体产权的改革来推动农村资源的市场化与产业化。

通过赋予农民的收益权、企业的经营权、村集体的所有权，由政府这只"有形之手"来推动，让资源变成资产、资金变成股金、农民变成股东，大大降低农业产业化的成本，让更多企业参与经营，实现资源要素的流动，更好推动农业资源的市场化与产业化。

因此，新时代建设中国特色现代化农业的理论体系，是基于产权清晰的集体所有制、基于高效组织的行政推动力，以及基于"三权分置"的产权制度改革，充分用"有形之手"把农业资源集中起来，通过"无形之手"实现产业规模化与效益化，但同时又避免了集体经济的"大锅饭"、小农经济的低效落后，真正建立起符合中国国情、符合经济发展规律、符合广大农民根本利益的中国特色的现代化农业。

一、基于产权清晰的集体所有制

只有坚持集体所有制，才能提高土地的产出效益

小岗村一夜跨过温饱线，为何 30 年未过富裕坎？其根本原因在于"包干到户"的家庭联产承包责任制虽然解放了劳动生产力，提高了单位土地粮食产量，但由于边际产量下降定律的作用，当单位土地产出达到一定量时就无法再增加，如果继续投入劳动力要素，反而会降低单位土地投入产出比。

农产品与工业品的边际产出是两条不同曲线，占地一亩的工厂可以生产出成千上万的产品，但同样一亩面积的耕地，粮食产量却是很有限。这就是为什么小岗村通过包干制解决了温饱问题，但由于受土地边际产量下降定律的影响，无法突破其约束和局限而走向富裕。这也是小岗村一夜跨

过温饱线但 30 年未过富裕坎的原因。

如何突破这一难题？从经济学的角度讲就要改变土地产出的价值曲线，突破土地边际产量下降的局限。比如过去种粮食一亩地收入 800 元，现在通过集中土地规模化种植优质葡萄，搞水产养殖，其亩产收入达到了 1 500 元，更重要的是通过集中土地资源发展新型农业或产业，大大提高了单位土地的产值。这也是南街村、华西村等集体经济能够发展成功的原因。通过将土地等资源要素集中起来，形成规模优势，改变土地生产不同产品的价值曲线，从而突破土地边际产量下降定律的局限。

当前我国农村资源、人口过于分散，发展集体经济就是要把农村的资源集中起来，形成产业基础。从六盘水的"三变"中可以看出，将荒山、土地、林业、水域、闲置房屋等生产生活要素集中盘活起来，可以让更多农村资源实现增值，最大程度增加农民收入、促进农村经济的增长。

因此，只有土地集中起来才能产生规模优势和增值空间，才能改变土地的价值曲线，才能突破过去"包干到户"经营的局限性，这就是中国特色现代化农业坚持集体所有制的理论基础。也只有坚持集体所有制，才能将农村土地等资源集中起来办大事，才能提高土地的产出效益，实现土地价值的最大化。

但是，坚持发展集体经济不是吃"大锅饭"，不是一切归公，而是要建立在产权清晰的所有权、经营权（使用权、转让权）与收益权的基础之上，要让资源变资产、资金变股金、农民变股东，将其集中投入到各类经营主体，享受股份权利，按股份比例获得相应收益，这才是现代意义上的集体所有制。

只有坚持集体所有制，才有经济基础建设新农村

我们都说要振兴乡村、建设乡村，但是建设乡村的钱从哪里来？显然不再是过去的"以工哺农，以城促乡"，而是要让农村具有"造血"功能，通过发展产业来壮大集体经济，从而建设好农村，富裕农民。南街村、华西村为什么能成功？就是因为有村集体经济的支撑，有了具有"造血"功能的产业，才能将其建设成"红色亿元村""中国首富村"。

没有村集体经济，农村的建设和振兴便没有了经济基础。很多人说民营企业也可以。民营企业可以发展地方经济，带动就业，但却没有义务和责任来建设乡村。这也是王宏斌、吴仁宝成功的原因，他们通过发展产业壮大了村集体经济，才有了经济基础建设好南街村、华西村，并分配给村民高福利待遇。否则凭什么建设？拿什么分配？也只有集体经济才真真切切具有这种优势、责任和义务。

集体所有制从源头上消除贫富差距

基于产权清晰的集体所有制，建立在解决中国特色社会主义主要矛盾的基础之上。解决城乡收入不平衡问题，解决贫富差距问题，归根结底是要解决利益分配问题。也只有建立在集体所有制基础上，才能从产权上赋予集体成员公平的收益权与分配权。王宏斌为何敢说"让村里的人富得不存一分钱"？吴仁宝为何始终抱定为群众谋幸福的宗旨"让村民致富，替村民理财"？这是因为集体经济的财富属于大家，每一位村民都拥有分享权，这从法律上赋予了其财富分配的合法性与共享性。可见，只有这样，才能最大程度解决收入分配不公平、不合理的问题，才能真正从源头上解决贫富差距和城乡收入不平衡的问题。

坚持发展农村集体规模经济，关键是坚持集体资产尤其是土地集体所有制不变——这也是为了更好地保护农民利益，壮大集体经济产业。

坚持发展农村集体经济不动摇，并不是要以建立村办企业、集体企业为目的，而是要让更多的经营主体参与进来，形成多种混合所有制的经营主体，将更多的社会资源引进来，增强企业经营能力，扩大产业规模。

坚持发展农村集体规模经济，能更好地缩小城乡差距，解决发展不平衡不充分的矛盾，缩小贫富差距，实现共同富裕。

二、基于高效组织的行政推动力（"有形之手"）

在改革开放的市场经济背景下，市场是配置资源最有效的方式已成为共识，市场化的程度决定产业化的程度。但市场的形成是有成本的，市场的运作也是有交易费用的。中国农业为什么产业化程度低？这是因为中国农业的资源过于分散。如果通过市场的方式集中资源，这个成本太高，很多企业不愿意投资农业正是这个原因。

基于高效组织的行政推动力，就是要用政府的"有形之手"来降低市场的交易费用，更好推动市场发挥资源配置的作用。比如过去因为农村信息闭塞，有好的农产品卖不出去，但通过政府加大农村信息基础设施建设投入，搭建农产品网络推广的公共服务平台，培训农业网络营销人才，就可以更好地推动农产品的销售，提高产业化程度。

在农村有一个标语很直白，那就是"要想富，先修路"。但这个路由谁来修？企业不会修，农民自己也没能力修，所以只有当地政府来修。"路"是产业化的基础条件，这些只能通过政府的"有形之手"来完成。这就是为什么要借用行政的"有形之手"来集中资源，通过政府的行政力量来降低市场化的交易费用，从而更好推动市场化。

很多人误解了中国这个"特色"，认为只要政府"干预"市场它就是无效的，殊不知在中国农业的现代化道路中，需要政府的"有形之手"来协助市场这只"无形之手"，通过行政的力量来集中农村资源，推动农村的产业化。

用一个贴切的比喻，过去为实施改革开放很多地方政府开展招商引资发展工业园，不仅出台优厚的土地出让金价格，还提供水、电、路、通信等基础设施，以此降低企业的成本，可谓"筑巢引凤"。如果没有地方政府对发展工业的重视，没有出台优惠政策予以支持，没有在税收、土地和劳动力成本上进行大规模让利，很多地方工业的发展也不会如此迅速。

农业的产业化也是同样如此。由于我国农村资源分散，依靠企业自身的力量是无法推动起来的，这就需要政府的行政力量来集中资源，提供农业产业化的设施，营造农业产业化服务环境。

因此，通过政府的"有形之手"来降低企业的经营成本，降低市场交易费用，从而推动农村产业的发展，这也是中央一直坚持农业农村优先发展总方针，优先满足"三农"发展要素配置，优先保障"三农"资金投入的原因。

农业市场化需要政府的"有形之手"加以推动，从而降低市场化的交易费用；农业的产业化则靠市场的"无形之手"，通过市场价格与竞争机制实现产业规模的扩张。

三、继续完善"三权分置"的农村产权制度改革（"无形之手"）

为什么南街村、华西村的后续发展会出现问题？这类集体经济的样板工程虽然解决了农村发展问题，但始终没能解决好利益分配问题，而利益分配问题本质上是产权问题。

无论是私有产权还是集体产权，始终都要面临市场交易问题，否则就变成了计划经济，必然会走向低效。从市场的交易角度来看，私有产权是商品市场交易的前提，物品的交易一定要有清晰的产权界定，否则市场经济无从谈起。因此，无论是私有产权还是集体产权，都会存在一个产权主体，集体产权只不过是将私有的所有权归于集体，将收益权归于个体，于是产权就有了结构性。

产权由四种权利，即所有权、使用权、收益权以及转让权组合而成，转让权与使用权也可并为经营权。任何产权都是以上几种权利的组合，产权结构改革就是通过对资产的所有权、经营权（使用权、转让权）、收益权不断分离组合和优化，更好促进生产要素资源的流动，更好推动市场化从而提高经济效益，这也是农村产权制度改革的核心所在。

产权具有了结构性就不是一次性买卖了。比如你将房子出租给别人，所有权、收益权属于你，使用权给了租客，但租客也可以将房子使用权转租给别人，自己做二房东。为什么会出现二房东、房屋中介机构等，就是因为产权结构的不断优化和组合，不同的产权结构代表着不同的市场交易费用和经济效率。中国农村的土地改革，就是围绕产权结构朝着市场有效配置资源的方向，进行不断组合优化，不断降低市场交易费用的过程。

比如，从人民公社制到"包干到户"的家庭联产承包责任制，再到土地流转、"三权分置"，就是不断通过对土地的产权结构进行调整，从而推动土地要素的不断流动，提高土地的产出效益。

从六盘水的"三变"改革可以看出，通过推进农村集体产权制度改革试点，将"资源变资产、资金变股金、农民变股东"作为六盘水的改革举措，其本质上是通过对农村资产进行产权结构性改革。在坚持集体所有权的基点上推动农村资产的集中化，将使用权、转让权赋予经营主体，让农民由"有其田"到"有其股"，推动土地、资金、技术、劳动力的股份化合作，不断优化和推动生产要素资源的市场化流动。同时，保护好资产的收益权，按资产的股份合作比例还给农民，从产权制度上保护农民的利益。

农业的市场化不是自由化，不是生产要素的自由买卖，而是产权结构的市场化，是经营主体的市场化，是产品竞争的市场化。通过"三权分置"让农业的生产要素更好地流动，从而推动农业的市场化，只有农业市场化，才能实现农村产业化。

在保护和尊重个人私有权的基础上推动集体所有制实施，放活经营主体的资产使用权、转让权，保护农民与经营主体的收益权。其目的是进一步深化和推动市场"无形之手"发挥配置资源的优势，降低市场交易费用，推动农村经济规模化、市场化。

改革开放让一部分人先富起来了，但先富起来的人并没有带领大家一起富起来。新时代，中国特色社会主义必须坚持以人民为中心的发展思想，不断促进人的全面发展、全体人民共同富裕。所以，建设中国特色的现代化农业从根本上讲就是要解决这一主要矛盾。

农业农村现代化，是整个国家现代化的基础和支撑。建设中国特色的现代化农业，既是建设中国特色社会主义的基础和支撑，也是新时代下实现中华民族伟大复兴的"中国梦"！

后记　从实践中来，到实践中去

三年前，西南财经大学出版社的何春梅女士给我发来一条信息，说现在国家非常重视乡村振兴，而我又长期关注和研究"三农"问题，问我有没有兴趣在乡村振兴背景下写点什么。

我当即回应："乡村振兴不仅是当前的热点，也是未来的国家战略，我也一直在跟进和思考中，但我更希望能够提出一些有建设性且视角相对独到的观点。"

然而，时间一晃三年就过去了，书稿也一拖再拖，而何老师也非常照顾，给予了我足够多的时间，直到几个月前这本书才进入出版环节。这个时间似乎有点久，其实写一本书要不了多长时间，但要写一本经过深度思考、经得起时间检验的书是要花相当长的时间的。

很多朋友问我这本书最大的亮点在哪里。如果用一句话概括，那就是这是一本"从实践中来，到实践中去"的书。

从实践中来，是指本书的理论来源于实践。从小岗村的改革开始，我用一种叙事的方式把中国农村改革的路线描绘出来，用真实的案例来诠释农村改革的主要路径和方向，从而深度剖析中国农村集体经济产权制度的演进路径。无论是小岗村的包干制，还是南街村、华西村的村集体经济发展模式，都是在改革实践中总结出来的宝贵经验，是经过验证的理论，这与以往只注重理论或只流于形式本身的研究有很大的不同。

到实践中去，是指我在对这些理论不断地总结和提炼的过程中，密切结合了当前的实际，尤其是新时代乡村振兴背景下中国农业农村的发展现状、改革路径与"三农"政策，从而更好地解释了农业现代化在新时代下的实践规律。比如通过深度剖析六盘水"三变"改革经验，以及各地方乡村振兴的实践，来诠释新时代农村集体经济的特点和发展规律，探索中国特色现代化农业道路。

理论来源于实践又回到实践，但更要高于实践。本书最大的价值点在于提出了新时代中国特色现代化农业的理论体系，通过回顾中国农业的改革历程，深度分析了西方理论与中国实践的不同，从科斯定理到中国特色社会主义市场经济，从自由经济到集体经济，本书创造性地提出走中国特色的现代化农业道路，而这个"特色"是建立在中国特色社会主义发展阶段的道路、制度与文化之上的，也是由当前我国社会主要矛盾决定的，正所谓从实践中来，到实践中去。

本书在写作手法上没有采取严谨的学术范式，而是围绕"三农"改革案例采用叙事的写法，更像是从研究视角讲述一个个"学术故事"，内容通俗易懂但又不失科学理论支撑，也迎合了广大读者的趣味。比如在案例中通过人物、事件等，抽丝剥茧般一层一层地把理论呈现出来，除了给读者带来更好的阅读体验以外，也给读者带来了更深度的思考。

我的本意是想让更多的读者关注"三农"，关注乡村振兴，关注中国农民。

本书得以创作完成，我要衷心感谢陈平老师！他提出的"代谢增长论"给了我很大的启发，尤其是他提出了"企业本质是创造价值，而非节省交易成本"这一观点，并进一步深入剖析了以科斯定理为代表的交易成本（交易费用）理论的局限性，尤其是价格机制在调节资源配置中的不足，以及大国竞争中的经济系统的结构性和复杂性。这些问题远非单一的市场交易理论就能解释清楚，因此我从一个全新的视角全面审视了中国农村的发展问题。陈老师在学术探讨上摈弃论资排辈的旧习惯，秉持求真务实、开放创新的学术态度，不愧为我们青年学者学习的楷模。

本书的出版还得益于顾益康老师的鼓励和肯定。八年前与顾老师的一面之缘，让我正式迈入了"三农"事业的理论研究领域。顾老师长期研究中国的"三农"问题，参与了 20 世纪 80 年代以来浙江省出台的所有与"三农"有关的重大政策的制定，以及《中华人民共和国农业法》和多个中央一号文件的起草。他学问高深，重视农业一线，将理论联系实际，更是深谙农村基层，情系农民群众。多年来他对农业现代化的探索，对新时代农村集体经济的诠释给了我很大的启发，他对我本人也是关爱有加，在此深表感谢！

本书的出版还得到了陶永谊老师的推荐和勉励。每次跟陶老师的交流都是一次难得的提升。读陶老师的文章有一种抽丝剥茧、直入骨髓的快感。陶老师不仅观点犀利，分析论点也很有独立性。他提出的"互利经济学"理论对我在研究农民利益关系处理上起到了很好的指引作用，让我在研究农业经济中避免了重竞争而轻合作的单向思维。陶老师在学术上秉持严谨、谦虚及开放的治学态度，也是我学习的榜样！

在这里不得不提及跟我亦师亦友的周新平先生。他不仅是一位优秀的实业家，也是一位理论家，他专注油茶产业十多年，并创造性地提出并实践了"心联网"油茶庄园模式，将农户、企业、消费者连接成了利益共同体，为当地的精准扶贫事业做出了重要贡献。他带领的湖南大三湘茶油股份有限公司还入选全国"万企帮万村"精准扶贫行动先进民营企业，他也成为农村现代化建设的有力推动者。在一起共事中，他多年的农业实践经验给了我很大的启发和帮助，他对我的工作、生活也非常关心，在此表示感谢！

最后，我要感谢西南财经大学出版社的何春梅女士。她在本书的出版前期做了大量的准备工作，对书稿的质量要求也是一丝不苟，其认真、严谨的治学态度难能可贵，她给予了本人非常多的指导和帮助。

周双文

于长沙

2021 年 11 月 12 日